Collection *Repères*
animée par Jean-Paul Piriou
avec la collaboration
de Hervé Hamon, Annick Guilloux,
et Michel Wieviorka

Ymard

DU MÊME AUTEUR

Les Cubains et l'Afrique, Éd. Karthala, Paris, 1980.
Guide du Maghreb à Paris et en France, Éd. Karthala, Paris, 1981.
A propos de l'autre: l'immigré comme métaphore, Éd. Bayardère, Paris, 1986.

Ezzedine Mestiri

L'IMMIGRATION

Éditions La Découverte
1, place Paul-Painlevé, Paris Ve
1990

Remerciements

Je remercie tout particulièrement Thierry Paquot pour ses précieux conseils et Edwige Rude-Antoine pour son apport juridique dans la réalisation de cet ouvrage.

Introduction

L'immigration est une réalité incontournable : 80 % des étrangers sont en France depuis plus de dix ans, 23 % y sont nés et 70 % des moins de quinze ans n'ont pas connu d'autre pays.

Le pas est souvent franchi pour désigner les immigrés comme « boucs émissaires » des difficultés grandissantes rencontrées par une fraction de la communauté nationale en période de crise et les présenter comme un danger pour l'intégrité sociale et culturelle de la nation.

Le débat sur l'immigration se mène souvent d'un point de vue unilatéral : préoccupation en termes de « coûts et avantages » de son impact sur le système économique et social et interrogation sur l'opportunité d'intégrer ou non certaines populations étrangères. Ainsi les faits concernant l'immigration sont mesurés et analysés à l'aune des intérêts immédiats de la société d'accueil. Comme si ces populations n'avaient ni passé ni avenir, et comme si leur présence en France n'était pas elle-même le fruit d'une longue histoire.

Depuis 1974, date de l'arrêt de l'immigration de travail en France, la position des immigrés au regard de l'emploi s'est profondément transformée. La majorité des populations étrangères établies en France s'y fixe définitivement.

Les retours spontanés ont diminué et nombreux sont les migrants qui ont été amenés à réviser leurs projets : s'installer durablement et autant que possible en France, et faire venir leurs proches. Ainsi, l'immigration a perdu peu à peu son caractère économique de migration provisoire de main-d'œuvre pour devenir une migration de famille et se muer par la suite en immigration de peuplement.

C'est dans ce contexte que des polémiques éclatent sur la présence et l'avenir des populations issues de l'immigration, souvent dans la confusion et l'ambiguïté. On est passé de la revendication du « droit à la différence » des années soixante-dix au droit de la ressemblance, jusqu'à l'engouement pour la notion d'« intégration » des années quatre-vingt.

Les immigrés, qui sont-ils ? Sont-ils nécessaires à notre économie ? Que sait-on des projets de retour des immigrés dans leur pays d'origine ? Les diverses politiques visant à accroître les retours sont-elles efficaces ? Combien d'étrangers accèdent-ils chaque année à la nationalité française ? Que représente cette nouvelle génération issue de l'immigration ? Y a-t-il réellement intégration des immigrés dans la société d'accueil ou au contraire ségrégation ?

Autant de question à propos desquelles la méconnaissance des données élève la véhémence des échanges.

I / Des siècles de « melting pot » à la française

1. Une histoire en friche

Comprendre la place qu'occupe l'immigration dans notre société, c'est avant tout rappeler sa dimension essentielle dans l'histoire nationale.

La plupart des ouvrages d'histoire ne mentionne la question de l'immigration qu'en quelques lignes noyées souvent sous des aspects démographiques, et son évocation dans les manuels scolaires reste négligée. Une amnésie, peut-être, mais elle mérite qu'on l'interroge [3]*.

Le *melting pot* si décrié par certains se pratiquait déjà dans la Gaule du haut Moyen Age et le territoire dominé par les descendants d'envahisseurs germaniques qui avaient asservi les « Gaulois » fut réenvahi par les Celtes venus de l'est, voire d'Asie Mineure [5].

Le mot « étrange » apparut dès le XIIᵉ siècle, et l'adjectif « étranger » se forma par la suite, attesté depuis le XIVᵉ siècle, lorsque, dans la France de Philippe le Bel et Charles V, se précisèrent les contours de l'État et naquit un sentiment national.

L'étranger est celui qui vient d'ailleurs ; en latin : *extraneus* ou *externus*, qui est extérieur, externe au pays. En droit romain, l'étranger, *hostis*, était celui dont on se méfiait, qui

---

* Les chiffres entre crochets renvoient à la bibliographie en fin d'ouvrage.

faisait peur. En dépit de cela, ce droit romain lui était favorable, plus que ne l'étaient les différents droits de la France féodale.

A l'époque franque, l'étranger était un « hors-la-loi », à moins qu'il n'ait été protégé par le roi ou un haut personnage, ou encore qu'il fût intégré dans la communauté des habitants des villes et des villages. Dans ce cas, il accédait au statut d'« aubain ». Celui-ci était censé n'avoir aucun bien propre et tout ce qu'il possédait appartenait au seigneur [1].

Les Capitulaires de Pépin le Bref de l'an 793 prévoyaient des mesures en faveur des étrangers, et notamment la protection de ceux qui voyageaient pour des motifs religieux.

Charlemagne, dans un Capitulaire de 802, ordonne à tous ses sujets, sans distinction, d'accorder l'hospitalité aux étrangers qui la réclament. Dès le début du IXe siècle, l'étranger fut souvent l'objet de la sollicitude des rois.

Au fil des décennies, voyant que les intérêts du commerce français pouvaient y gagner, les roi et seigneurs accueillirent des étrangers en France, et même les attirèrent. Non seulement Louis XI protégea les marchands étrangers, favorisa leur venue en France (abolition de l'aubaine dans le Languedoc), mais encore en fit-il venir dans le royaume en tant qu'initiateurs de techniques nouvelles. Ainsi, par exemple, en 1469, des Allemands vinrent en France faire fonctionner les premières presses. Non seulement ces étrangers furent exempts de l'aubaine, mais encore bénéficièrent-ils de privilèges, dispensés qu'ils furent d'acquitter certains impôts.

Louis XII et surtout François Ier, influencés par leurs expéditions en Italie, amplifièrent ce mouvement migratoire vers la France. Ils appelèrent dans le royaume de nombreux artistes italiens pour décorer des châteaux et prêter l'habileté de leurs doigts à l'orfèvrerie et la tapisserie [72].

Sous le règne d'Henri IV se développèrent à Tours, Lyon

---

1. La féodalité du haut Moyen Age met l'étranger hors la loi. Il n'est pas sujet de droit. Certaines coutumes font qu'il fait office de serf. L'aubain, soumis à un régime d'exception, peut devenir sujet de droit en étant dépendant du seigneur.

et Montpellier les manufactures de soie grâce à l'apport et au savoir-faire de nombreux ouvriers italiens.

La Révolution de 1789, par le courant de liberté qu'elle apporte, ouvre aux étrangers l'accès de la France. Dans un premier temps, la Révolution s'est voulue libérale et généreuse envers les étrangers, inaugurant ainsi une grande tradition d'accueil et d'amitié entre les peuples. C'est ainsi que le décret du 6 août 1790 supprime sans réciprocité le « droit d'aubaine » : désormais les étrangers résidant en France ont les mêmes droits civils que les citoyens français [25].

Le 14 juillet 1791, l'Assemblée constituante ordonne « aux corps administratifs, aux municipalités, aux commandants des forces de terre et de mer et généralement à tous les fonctionnaires publics, de faire jouir les étrangers, dans toute l'étendue du royaume, particulièrement dans les ports de France, de la liberté, de la sûreté et de la protection qui leur sont garanties par les traités ».

L'abolition du droit d'aubaine reconnaît aux étrangers possibilité d'acquérir par succession, et surtout la liberté du travail pour tous sans distinction. Un principe sanctionné par décret le 17 mars 1791 : « Il sera libre à toute personne de faire tel négoce ou d'exercer telle profession, art ou métier qu'elle trouvera bon... » Parallèlement, les corporations sont abolies par la loi Le Chapelier du 14 juin 1791. Du coup, les étrangers pourront venir librement en France et y travailler sans crainte de se heurter aux obstacles des corporations.

Le 9 août 1791, l'Assemblée vote l'article 2 du titre I de la Constitution déclarant *citoyens français* tous les natifs du territoire y ayant leur résidence et tous les descendants de Français nés à l'étranger, et revenus en France pour y prêter le serment civique. Le pouvoir législatif pouvait ainsi naturaliser tout étranger résident sans autre condition que le serment civique [72].

Le 20 avril 1792, la nation française en vint à déclarer la guerre « au roi de Bohême et de Hongrie », inaugurant ainsi un conflit qui allait opposer la France à toutes les puissances européennes. Cette guerre épuisante provoqua un revirement brutal de la politique suivie à l'égard des étrangers résidant en France, devenus des ennemis potentiels. Au cours de l'année 1793, la Convention entérinant souvent des initiatives populaires spontanées, mit en place une législation répressive de contrôle des ressortissants étrangers. Le 26 février 1793, un décret obligea les étrangers à se présenter au comité de leur commune. Le 18 mars, la Convention adopta le principe de l'expulsion du territoire de tout ressortissant d'un pays en guerre avec la France qui n'exercerait pas de profession ou qui n'aurait pas acquis une propriété immobilière avant la Révolution.

Le 7 août 1793, un autre décret ordonna l'arrestation et l'expulsion de tous les étrangers qui ne pourraient obtenir un « certificat d'hospitalité » attestant de leur dévouement ou de leur utilité à la République. Cette législation rigoureuse ne fut cependant que très inégalement appliquée, en raison notamment de l'implantation très variable des comités de surveillance qui en étaient chargés et de la diversité des situations locales. Néanmoins, les étrangers en France étaient devenus, du fait de la guerre, suspects aux yeux de l'opinion publique et du gouvernement. Aussi la République de l'époque mit en place une politique en contradiction avec l'esprit généreux des principes qu'elle avait elle-même proclamés.

Revenant sur des mesures trop libérales en faveur des étrangers du point de vue des droits civils (possibilité d'acquérir par succession, droit au travail), les rédacteurs du Code civil de 1804 adoptèrent le système dit de la « réciprocité diplomatique ». L'article 11 du Code civil, toujours en vigueur, a trait à la jouissance des droits civils : les droits publics et politiques sont un attribut exclusif de la citoyenneté. Les étrangers en sont en conséquence exclus.

2. Des migrations par vagues

La plus importante immigration, liée aux débuts de l'industrialisation, commence en 1850 et culmine en 1880. Cette immigration est composée à 90 % de ressortissants des pays voisins qui viennent travailler en France ; en 1886, on compte 486 000 Belges et 62 000 Espagnols : des ouvriers agricoles qui binent les betteraves au printemps et moissonnent ensuite dans les grandes plaines du bassin parisien, des mineurs. Les Italiens sont nombreux dans les métiers du bâtiment dès cette époque.

La presse de l'époque ne manifeste aucune indulgence à leur égard : « Ils arrivent, telles des sauterelles, du Piémont, de la Lombardie-Vénitie, des Romagnes, de la Napolitaine, voire de la Sicile. Ils sont sales, tristes, loqueteux. Tribus entières immigrant vers le Nord, où les champs ne sont pas dévastés, où on mange, où on boit, ils s'installent chez les leurs, entre eux, demeurant étrangers au peuple qui les accueille, travaillant à prix réduit, jouant tour à tour de l'accordéon et du couteau. » Ainsi parle des Italiens le journal *La Patrie* en 1896...

Les autorités publiques appliquent un régime sévère de surveillance des étrangers, atténué toutefois dans les décennies qui suivirent. Les préoccupations d'ordre public ne cessèrent d'inspirer l'action du législateur au cours du XIXe siècle. Sous la Monarchie de Juillet, les réfugiés politiques étrangers sont astreints à des mesures de surveillance étroite. De même, sous la IIe République, en décembre 1849, est instituée une législation organisant la procédure d'expulsion des étrangers indésirables.

En octobre 1888, un décret astreint l'étranger à se déclarer auprès de la mairie de sa résidence et quatre ans après, une loi exige des immigrés, voulant exercer une activité professionnelle, l'obtention d'un certificat d'immatriculation. Les lois d'août 1899 et de juillet 1900 donnent par ailleurs au ministre de la Justice la mission d'organiser un casier judiciaire particulier.

Dans leur ensemble, ces mesures tirent les conséquences d'un phénomène entièrement nouveau : le développement de l'immigration en France, car trop longtemps, cette immigration est restée totalement libre et non contrôlée. Le développement des phénomènes migratoires a conduit ainsi les pouvoirs publics à envisager un dispositif qui préfigure la réglementation actuelle.

En 1901, 1 037 778 étrangers vivent sur le territoire français et représent 2,67 % de la population totale.

Avec la Première Guerre mondiale, la France devient un

grand pays d'immigration. Pour satisfaire d'abord aux exigences de la fabrication des armements puis, après le conflit, pour combler dans les usines et les fermes l'absence masculine.

Entre 1914 et 1918, le gouvernement procède à des recrutements collectifs de travailleurs, notamment en Italie. Ainsi, le premier service de la main-d'œuvre étrangère naquit-il sous la tutelle du secrétariat d'État aux Munitions, avant d'être transféré en 1918 au ministère du Travail et d'être transformé en service civil. Il convient toutefois de préciser que, déjà, des travailleurs étrangers étaient entrés en France. A l'initiative en particulier de la société d'agriculture de Meurthe-et-Moselle, ou, en 1911 du Comité des Forges.

De nombreux Polonais sont venus en France dans l'entre-deux-guerres. Ils n'avaient pas de travail chez eux. Ils arrivent par trains entiers à l'appel d'organisations professionnelles, tel le Comité central des Houillères, ou l'Office central de la main-d'œuvre agricole. Ces Polonais se retrouvent munis d'un contrat de travail de manœuvre dans les mines de charbon (cas le plus fréquent) ou d'un contrat de travail d'ouvrier agricole. La France manquait de bras, la Pologne en avait de disponibles, et, au même moment, les États-Unis se fermaient à l'immigration avec le vote des lois de quotas.

Ces « Polaks » sont arrivés dans des conditions à peine imaginables : « Sélectionnés, douchés, vaccinés, photographiés, enregistrés, parfois même pourvus d'une pancarte accrochée sur la poitrine afin d'éviter qu'ils ne se perdent. » Nombre de ces paysans, appelés à devenir mineurs de fond, ne tiennent pas sous le choc : « Fréquemment, ils rompent leur contrat et s'enfuient sans papiers ni argent, ramassés sur les chemins par les gendarmes et traités de vagabonds. »

Si, aujourd'hui, personne ne s'interroge sur ces « Polaks » et leurs descendants devenus d'excellents Français, c'est que l'intégration, semble-t-il, s'est réalisée. Et pourtant ! Il a fallu plus d'un demi-siècle d'épreuves ! Janine Ponty [7], après avoir fouillé la mémoire du Nord concernant l'assimilation de ces « sales Polaks », relève qu'en 1925 le garde des Sceaux, qui préparait une nouvelle loi sur la naturalisation, demanda l'avis du ministre de l'Intérieur Camille Chautemps. Celui-ci questionna par circulaire les quatre-vingt-dix préfets de France. Leurs réponses étaient nettes : « Les Polonais sont inassimilables. » Et le 11 octobre 1929, le préfet du Pas-de-Calais restait catégorique : « Les Polonais travaillant aux mines, vivant en groupes, n'ont que peu ou pas de rapports avec nos ressortissants. Loin de les rechercher, ils s'efforcent de vivre uniquement entre eux, encouragés en cela par leurs ministres du culte et par leurs autorités consulaires elles-mêmes... Dans de tels milieux, le Français fait figure de passant dont on ne sollicite ni la compagnie, ni *a fortiori* l'amitié... Quelle est l'aptitude de l'immigrant polonais à s'assimiler ? La réponse est nette : aucune, quant au présent du moins. J'ai dit plus haut que le Polonais ne recherchait pas la compagnie de l'ouvrier français... En ce qui concerne les enfants, il faut bien constater un phénomène identique. Les récréations ne les réunissent pas. Polonais et Français forment des jeux séparés et notre langue elle-même, que les jeunes Polonais apprennent si facilement, est impuissante à opérer un rapprochement. »

Il est vrai, comme le dit le préfet, que les « ministres du culte » renforçaient leur détermination. « Nous entendons dire à l'heure actuelle que la culture européenne et catholique des immigrés d'avant-guerre les aurait aidés à s'assimiler. Cet argument ne résiste pas à l'examen. La religion des Polonais constitua plutôt un obstacle. La déchristianisation était avancée en milieu ouvrier, et le mineur français qui n'allait plus à la messe, traitait de ''calotins'' les Polonais qui y assistaient chaque dimanche. Le catholicisme des immigrés les aida à rester polonais, non pas à devenir français. »

Bien qu'elle fût pour l'essentiel composée d'étrangers venant des pays limitrophes, la présence d'une population étrangère dépassant le million au début du XXe siècle n'empêchait pas la manifestation des réactions xénophobes, notamment à l'égard des Italiens et des Belges. Des propos racistes étaient couramment tenus à l'encontre des « Ritals » [9].

Après les massacres de la Première Guerre et le creux démographique qu'elle avait provoqué, la nécessité d'engager à bref délai la reconstruction conduit à rechercher, à provoquer, à organiser l'arrivée en France d'autres travailleurs étrangers. Cette politique favorable à l'immigration, aura pour effet de porter le nombre des étrangers de 1,5 million en 1921 à 2,7 millions en 1931. Ce chiffre se réduira progressivement dans les années ultérieures, sous l'effet de la crise économique pour s'établir finalement à environ 2,2 millions en 1936.

L'afflux en France d'un grand nombre de réfugiés venant chercher un asile politique, combiné avec la crise économique et la montée du chômage, suscite, à la fin des années trente, un certain mouvement de xénophobie et conduit à l'adoption de plusieurs textes qui restreignent l'immigration, en même temps qu'ils renforcent les dispositions relatives à l'expulsion [4].

A tous les échelons du pouvoir, on répéta que le contrôle des étrangers s'imposait comme une nécessité absolue. Les syndicats libres comme les marxistes témoignaient peu d'intérêt aux immigrés et souvent se montraient hostiles. D'un côté, on déplorait la situation faite aux étrangers et, de l'autre, on ne cachait pas non plus son désir de défendre *en priorité* les intérêts des travailleurs français.

De même qu'au tournant du siècle étaient dénoncés les « métèques », les années trente voient se développer le procès des « Polaks » et des « Moldo-Valaques ». Comme précédemment, et sur ce point l'histoire ne manquera pas ultérieurement de se répéter, la crise économique suscite des réflexes de rejet de l'étranger considéré comme un *bouc émissaire*.

Dans les années trente, années de crise économique, la xénophobie était à son apogée : le rejet de l'étranger devait apparaître au cours de l'histoire comme un des éléments de l'identité nationale.

De la plupart des travaux des historiens, il ressort que non seulement l'intégration des anciens flux migratoires n'a pas été facile, qu'elle a nécessité la plupart du temps deux ou trois générations, mais que les relations entre Français et immigrés n'ont jamais été aussi idylliques que ce qu'on voudrait nous faire croire aujourd'hui. Au contraire, à regarder les faits, comme le souligne Joseph Rovan [8], « les

Français de souche !

Ils sont venus d'Europe, d'Amérique, d'Afrique et de partout dans le monde. Leurs origines ne sont pas françaises, mais qui douterait de leur apport à la création scientifique, artistique, intellectuelle de la France ? Enfants d'étrangers, ils pourraient reprendre à leur compte ce propos de Montesquieu : « Je suis un homme par nature et français par hasard. »

Nombre de Français célèbres sont nés à l'étranger ou issus de parents étrangers. Ils ne renient pas leurs racines et font honneur à la France qui, d'ailleurs, n'hésite pas à célébrer par des « cocoricos » leurs exploits scientifiques ou sportifs.

Un essai de recensement des quelque 600 internationaux français de football permet de constater qu'au moins 200 d'entre eux ont une origine étrangère ou extra-métropolitaine. Michel Platini, fils d'immigré venu de Novare dans le Piémont, en est un exemple célèbre.

On peut rallonger la liste des personnalités de tous horizons qui ont été à un moment de leur vie des immigrés ou des enfants d'immigrés : Christine Arnothy (écrivain, née à Budapest), Maria Casarès (actrice, née à La Corogne en Espagne), Marc Chagall (peintre, né en Russie), Émile-Michel Cioran (philosophe, né en Roumanie), Dalida (chanteuse, née au Caire), Serge Lifar (danseur, né en Russie), Yves Montand (chanteur, né en Italie), Nathalie Sarraute (écrivain, née en Russie), Henri Troyat (écrivain, né à Moscou), Sylvie Vartan (chanteuse, née en Bulgarie), Victor Vasarely (peintre, né en Hongrie), Lino Ventura (comédien, né en Italie), Haroun Tazieff (vulcanologue, né à Varsovie), Henri Verneuil (cinéaste) et Charles Aznavour (chanteur), tous deux nés en Arménie, Isabelle Adjani (actrice, née à Paris de père algérien)... et combien d'autres !

manifestations xénophobes d'aujourd'hui, aussi condamnables soient-elles, sont loin d'avoir atteint le degré de violence qu'elles ont connu dans le passé » : véritables « chasses à l'homme » et massacres d'Italiens dans le sud de la France au siècle dernier, xénophobie et racisme d'une violence extrême dans la presse française pendant les années trente, expulsion violente de plusieurs dizaines de milliers de Polonais dans les années 1934-1935, pour ne citer que quelques exemples.

L'histoire de l'immigration connaît d'étonnantes phases d'hostilité et de rejet quand le travail se fait rare et amène à douter de l'identité nationale. L'image de l'étranger oscille au gré des aléas de la conjoncture économique.

Cela n'a pas empêché le *melting pot* à la française de se révéler efficace au travers de mille canaux, encore peu explorés, d'intégration [2]. Chaque vague de manœuvres immigrés a poussé vers le haut les nouveaux venus d'hier et d'avanthier pour le plus grand profit des ouvriers français. Les solidarités de l'usine, du quartier, finissent peu à peu par déliter celles des réseaux d'origine et des parentèles nationales. L'école, avec ses principes républicains d'égalité, malgré ses insuffisances, a toujours servi de creuset d'intégration pour les enfants. Et quand, à la troisième génération, on part à la recherche des origines, trop tardivement pour que l'identité française en soit menacée, les générations du *melting pot* découvrent alors ce qu'elles ont abandonné, et le plus souvent dans une douleur que la réussite avait fait oublier. Pas d'autre choix que de se fondre dans la communauté française ? Comment et à quel prix ? La mémoire encore en friche peut nous éclairer, surtout à l'heure où les thèmes de l'identité nationale et les mythes d'une population française « de souche » rencontrent dans le tumulte démographique d'inquiétants échos.

II / Populations : faits et chiffres

1. L'approche démographique

En mars 1982, on comptait 3 680 100 étrangers en France
(6,8 % de la population totale) [10], à peine plus qu'en 1975
(3 442 400), et une proportion comparable à celle de 1931.

Ce chiffre est nettement inférieur à celui que dénombre
chaque année le ministère de l'Intérieur (4 223 000 en 1981,
4 453 765 en 1986). La différence tient aux méthodes de col-
lecte. En effet, les données du recensement de l'INSEE
pèchent par défaut : l'analphabétisme, le logement précaire
et surtout la forte mobilité des populations étrangères font
qu'une partie des immigrés échappent au dénombrement.
Une sous-estimation évaluée à 10 % environ en 1975, largement moins lors du recensement de 1982, qui tendrait, sur
ce point, à plus de précision. A l'inverse, les décomptes du
ministère de l'Intérieur, reposant sur le nombre de titres de
séjour en cours de validité, pèchent par excès, ne tenant pas
compte des étrangers partis de France et incluant aussi plus
largement les enfants.

Si la différence entre les deux comptes reste considérable,
l'évolution, elle, ne peut être discutée. Le nombre des étrangers ne s'est accru que de 7 % entre 1975 et 1982, contre
31 % entre 1968 et 1975. Ce faible accroissement est dû lui-
même essentiellement à la venue des familles et à la naissance
d'enfants dans la communauté étrangère. La crise économi-

que a mis fin à l'appel de main-d'œuvre étrangère dans l'industrie et le bâtiment, et la France a cherché depuis à limiter l'entrée d'étrangers. Par ailleurs, 300 000 personnes, pour l'essentiel européennes, ont été naturalisées entre 1975 et 1982, ce qui a réduit d'autant le nombre d'étrangers.

Alors qu'ils ne représentaient qu'un peu plus d'un million au début du siècle, la part des étrangers dans la population totale a crû après la Première Guerre mondiale avec l'essor de l'immigration, avant que la crise économique de 1936 et la Seconde Guerre ne viennent réduire leurs effectifs. C'est à partir de 1954 que le nombre d'étrangers augmenta à nouveau rapidement. Depuis le milieu des années soixante, l'immigration italienne fut progressivement relayée par celle des Espagnols, des Algériens et des Portugais, et l'intensification se fera par l'arrivée des Marocains, Tunisiens, Africains du sud du Sahara, et ressortissants des pays d'Asie (dont les Turcs et les réfugiés du Sud-Est asiatique), tandis que le nombre d'Espagnols diminua sensiblement, soit à cause des naturalisations, soit en raison des retours massifs au pays après la mort de Franco.

En 1982, la part des Européens, en diminution constante depuis 1946, représente moins de la moitié des étrangers présents en France. En même temps, l'éventail des nationalités s'est élargi, la forte présence des hommes s'est atténuée, et la part des jeunes de moins de 20 ans, inférieure jusqu'en 1968 à ce qu'elle était chez les Français, a augmenté.

2. Les grandes concentrations

Pour plus de la moitié (57 %), cette population étrangère est installée dans trois régions : Ile-de-France, Rhône-Alpes, et Provence-Côte d'Azur. L'Ile-de-France accueille à elle seule le tiers des étrangers. Notons aussi que ces concentrations tendent à s'atténuer.

En 1982, 1 156 095 étrangers vivaient dans la région parisienne. Leur répartition à l'intérieur de la région, somme toute assez équilibrée entre les départements, marque cependant des disparités importantes entre les communes. En pourcentage de population, le département de la Seine-Saint-Denis vient en tête avec 17 % et 225 960 personnes, alors que Paris en compte le plus grand nombre : 366 660 (15,4 % de sa population), 191 240 dans les Hauts-de-Seine (13,8 %), 152 200 dans le Val-de-Marne (12,7 %). Seuls deux départements, la Seine-et-Marne et l'Essonne, connaissent un taux de population étrangère inférieur à 10 % (84 160 et 89 140). Des villes comme Nanterre, Aulnay-sous-Bois, Mantes-la-Jolie... accueillent plus de 30 % d'étrangers dans leur population. Ce déséquilibre s'est sérieusement accentué au cours des dernières années, provoquant de nouvelles difficultés dans la cohabitation inter-nationalités.

Qui sont-ils ? Les Portugais sont désormais les plus nombreux (333 680). Ils représentent 25 % des étrangers de la région parisienne, suivis par les Algériens (293 980, soit 22 %), les Marocains (121 960, soit 9,1 %) et les Espagnols (85 680, soit 6,4 %). Ces derniers sont comptés 41 000 de moins qu'en 1975. Si le nombre des Espagnols et surtout des Italiens est en baisse sensible en Ile-de-France, celui des Algériens (47 760 de plus), des Marocains (40 105 de plus) et des Portugais (15 145 de plus) connaît une réelle augmentation.

Entre 1975 et 1982, cette population étrangère s'est rajeunie et s'est féminisée (à l'exception notoire des Italiens qui vieillissent). 30 % ont moins de 19 ans (25 % moins de 15 ans) et 43 % sont des femmes.

Une donnée démographique importante dans une région où la population de nationalité française est de plus en plus attirée par le célibat, voire la solitude : à Paris et en petite couronne, près de sept familles immigrées sur dix vivent en couple avec enfants.

La région Rhône-Alpes

C'est la deuxième aire d'attraction de l'immigration et cela depuis longtemps. Suite à des mouvements frontaliers fort anciens, les industries lyonnaises et savoyardes ont très tôt fait appel à une main-d'œuvre étrangère initialement italienne. Au lendemain de la Seconde Guerre mondiale, la région comprenait déjà 150 000 étrangers. Leur nombre a triplé en trente ans pour se stabiliser depuis 1975 entre 450 000 et 460 000, soit 9,3 % de la population totale. 157 000 dans le département du Rhône et notamment l'agglomération lyonnaise, 100 000 autour de Grenoble et dans les vallées dauphinoises, 62 000 dans la région de la Loire et 100 000 dispersés dans une trentaine de petits noyaux industriels de Savoie, Haute-Savoie, et de la Drôme.

La région Provence-Côte d'Azur

Les chiffres l'attestent, cette région a toujours été, depuis le milieu du XIXᵉ siècle, une terre d'implantation pour l'étranger.

Au recensement de 1926, la population étrangère atteignait le nombre record de 400 000 personnes (19 % de la population régionale). Avec 8,3 % d'étrangers recensés en 1982 (330 000), la région n'arrive qu'au quatrième rang des régions françaises, devancée par Rhône-Alpes (9,2 %), la Corse (10,8 %) et l'Ile-de-France (13,3 %). La situation actuelle tant géographique que professionnelle ou résidentielle de la population étrangère régionale se caractérise par quelques traits marquants : les étrangers, dont 55 % sont maghrébins (ces derniers se substituant progressivement aux « Latins »), vivent principalement dans les communes du littoral. Ils sont jeunes (un sur deux a moins de 35 ans) mais peu diplômés. Ils travaillent surtout dans le bâtiment et occupent des emplois souvent peu qualifiés.

Cette immigration est essentiellement un phénomène urbain : deux tiers des étrangers installés en Provence-Côte d'Azur résident dans l'une des six unités urbaines de plus de 100 000 habitants que compte la région : Cannes-Grasse-

Antibes, Nice, Aix-en-Provence, Marseille, Toulon, Avignon. Un peu moins de la moitié des étrangers résident dans le département des Bouches-du-Rhône, un quart dans les Alpes-Maritimes, 16 % dans le Var, et un peu plus de 10 % dans le Vaucluse. Seule la concentration marseillaise (80 800 étrangers dont 56 800 Maghrébins ; 27,8 % d'étrangers dans le Ier arrondissement, 23 500 Algériens dans les Ier, XIVe et XVe arrondissements) appelle la comparaison avec les gros effectifs des régions parisienne et lyonnaise. Ailleurs, l'immigration est relativement dispersée et mobile et en partie agricole, comme dans le Vaucluse.

3. Les femmes et les enfants

La structure par nationalité a été profondément modifiée en vingt ans.

Les communautés les plus importantes demeurent depuis 1975 les Algériens et les Portugais. Les premiers (795 920 personnes), dont les effectifs en 1982 sont en augmentation de 12 % par rapport à 1975, rétablissent ainsi une prépondérance sur les seconds dont les effectifs restent stables (764 860).

En deux décennies, les deux nationalités les plus importantes en 1962 (espagnole et italienne) ont vu leurs effectifs diminuer respectivement de 20,4 % et 29 % à 8,7 % et 9,10 % du total des étrangers résidant en France. On peut encore préciser que l'ensemble des Européens d'origine latine, qui représentaient en 1962 52 % de la population étrangère totale, n'en formait plus en 1982 que 39 %, pendant que l'ensemble des Maghrébins passait de 19 % à 38,5 %. Cette transformation dans la structure par nationalité s'est opérée principalement entre 1968 et 1975 avec un appel massif aux travailleurs du continent africain pour pallier l'épuisement progressif des réserves européennes, à l'exception du Portugal.

Ce fléchissement de la croissance de la population étrangère totale se répercute sur l'évolution du pourcentage d'étrangers dans la population totale (6,8 %) qui tend alors à se stabiliser. 760 000 étrangers seulement, recensés en 1982 (un peu plus de 1 sur 5), n'y résidaient pas en 1975. Il s'agit le plus souvent de personnes membres de famille (femmes ou enfants) rejoignant un travailleur isolé. Beaucoup de ces enfants (60 %) sont en réalité nés en France, mais recensés étrangers parce que leur mère résidait hors du territoire national en 1975. L'ensemble des enfants (115 000) représente un peu plus de 20 % des effectifs de cette catégorie de non-résidents. Outre les Maghrébins qui en composent un tiers, on y trouve aussi des ressortissants du Sud-Est asiatique dont beaucoup bénéficient de l'asile politique.

Une population féminine qui s'accroît

En 1982, le taux de féminisation de la population étrangère (42,8 %) est encore éloigné de celui observé pour la population française (51,7 %) et l'immigration reste encore quantitativement dominée par les hommes.

Toutefois, les tendances n'apparaissent pas à l'avantage de ces derniers. La population féminine étrangère s'est accrue entre 1975 et 1982 de 194 165 personnes, soit une progression de 14 %, le double de celle qu'a connue la population totale correspondante (7 %). Ainsi, pendant que la croissance de la population totale se ralentissait, sa féminisation s'accélérait.

Cette féminisation accrue de la population étrangère qui reflète largement les effets du regroupement familial s'est traduite par une augmentation du nombre d'individus vivant en couple, mariés ou non, avec ou sans enfants. Cette évolution accentue encore les traits du mouvement de stabilisation des populations étrangères et contribue aussi à développer au sein de la société de résidence un espace élargi d'échange matrimonial.

Un nombre de jeunes en constante augmentation

La population étrangère se distingue de la population française non seulement par un écart important entre les taux de féminisation, mais par une évolution opposée de sa structure d'âge. Pendant que la population française vieillit en raison d'une diminution du poids des classes d'âge 0-14 ans et 14-25 ans, et d'une augmentation des 65 ans et plus, des mouvements exactement inverses s'observent pour la population étrangère [11].

L'augmentation du nombre des jeunes étrangers est surtout une des conséquences du regroupement familial. Sur 290 000 membres de famille entrés en France dans le cadre du regroupement familial entre 1975 et 1981, plus de 55 % étaient des jeunes de moins de 17 ans pour les garçons, et de moins de 18 ans pour les filles.

Parallèlement, la contribution des étrangers au nombre total des naissances en France n'a cessé d'augmenter pour atteindre près de 13 % en 1982. L'acuité de ce phénomène est bien sûr renforcée par une natalité française qui ne cesse de décliner.

Le nombre des étrangers de moins de 25 ans s'élève en 1982 à 1 493 040, un chiffre correspondant à une augmentation de plus de 11 % par rapport à 1975, et amenant à 40 % la part de ces jeunes dans l'ensemble de la population étrangère. Dans le même temps, dans la population française, le nombre des moins de 25 ans diminuait de près de 4 %, situant ainsi leur part à 36 % de la population française.

Cependant, l'importance des moins de 25 ans est variable selon les nationalités : nombreux parmi l'ensemble des Maghrébins, des Portugais et des Turcs (une proportion variant entre 46,1 % et 56,5 %), leur part se situe en revanche très en dessous de la moyenne chez les Italiens (20 %) et chez les Espagnols (27,5 %).

Cette structure d'âge plus jeune de la population étrangère tient aussi à la réduction de la part des plus âgés (65 ans et plus) qui, en 1982, apparaît deux fois inférieure à la proportion de la même classe dans la population française (7,6 % contre 14,3 %).

La nuptialité et la natalité étrangères apparaissent en voie de réduction et tendent à s'aligner sur les normes françaises. Sur un total de 265 200 mariages célébrés en France en 1987, 2,3 % (au lieu de 2,5 % un an plus tôt) le sont entre deux étrangers (soit 6 215) et 8,1 % (au lieu de 8,7 %) entre un Français et un étranger (soit 21 320), ce qui signifie que l'arrêt de la chute de la nuptialité observée en 1987 est uniquement dû à une légère reprise des mariages entre deux Français.

Moins de 59 000 enfants légitimes ont deux parents étrangers (− 8 % par rapport à 1986) et il faut remonter à 1970 pour trouver un effectif aussi « faible ». Environ 21 000 enfants légitimes sont nés de couples mixtes, valeur constante depuis 1980. Au total, sur 100 enfants légitimes, moins de 12 ont au moins un parent étranger au lieu de 13 en 1983.

La contribution des étrangers à la natalité totale, qui, en poids relatif, avait représenté jusqu'à 12,9 % des naissances légitimes en 1983, décline depuis lors et se situe en 1987 au-dessous de 12 % [19].

TABLEAU I. — NAISSANCE SELON LA QUALITÉ JURIDIQUE DES ENFANTS ET LA NATIONALITÉ DES PARENTS DE 1983 À 1987

Année	Total des naissances	Dont enfants légitimes				Dont enfants naturels	
		Ensemble	2 parents français	2 parents étrangers	1 parent étranger	Ensemble	de mère étrangère
1983	748 525	629 674	538 542	71 341	19 791	118 851	8 170
1984	759 939	624 674	534 578	69 822	20 274	135 265	8 949
1985	768 431	617 939	530 442	67 037	20 460	150 492	9 470
1986	778 468	607 786	523 016	63 840	20 930	170 682	10 242
1987	767 828	582 902	503 299	58 796	20 807	184 926	10 273

Source: INED.

4. L'« imbroglio » statistique

Il n'existe pas en France de système unifié d'enregistrement des flux migratoires. Trois administrations fournissent des statistiques sur l'immigration étrangère. Le ministère de l'Intérieur joue un rôle central dans le contrôle des flux d'entrées. Il publie des statistiques globales sur le « stock » des titres de séjour en cours de validité.

D'autres statistiques détaillées sur les entrées d'étrangers

Les mariages mixtes

Si, selon les statistiques de l'INSEE, le nombre de mariages célébrés en France continue à diminuer (314 405 en 1982, 281 402 en 1984, 265 678 en 1986), les unions mixtes connaissent une progression constante (20 895 en 1982, 21 465 en 1984, 23 252 en 1986). Ces mariages « sans frontières » suscitent encore une certaine méfiance. Ils sont pourtant un élément essentiel pour juger de l'insertion des communautés étrangères.

« Sans intermariages, il n'y a pas d'intégration », soulignait l'historien Fernand Braudel. La répartition par nationalité fait apparaître une baisse ces dernières années des mariages franco-italiens (1 637 en 1985, 1 565 en 1986), franco-espagnols (1 665 en 1985, 1 489 en 1986) et franco-portugais (3 388 en 1985, 3 376 en 1986), mais un accroissement des mariages franco-algériens (2 406 en 1985, 2 671 en 1986), franco-tunisiens (844 en 1985, 1 012 en 1986) et franco-marocains (1 939 en 1985, 1 655 en 1986).

Aucun groupe n'encourage spontanément l'éloignement d'un de ses membres. Le mélange des sangs et des cultures est banni dans certains pays. En Afrique du Sud et en Chine, la loi le réprime. En France, la loi l'autorise, mais pour le groupe social, ce n'est pas le meilleur mariage. Les unions entre diverses confessions ont toujours inquiété les autorités religieuses. Longtemps, cette union mixte est restée interdite en France. Aujourd'hui l'Église exige seulement que les conjoints s'engagent à éduquer leurs enfants dans la religion catholique. Le Coran tolère le mariage d'un musulman avec une chrétienne, mais refuse toute union d'une musulmane avec un non-musulman [45]. Pourtant, les statistiques de l'INSEE révèlent l'augmentation, depuis ces dix dernières années, des mariages de femmes étrangères avec un Français, particulièrement des femmes maghrébines. De 577 Algériennes mariées à un Français en 1977, le chiffre est passé à plus de 1 000 après 1986.

Le couple mixte demeure un défi dans une société. Les autorités officielles expriment à travers leurs réponses à l'union matrimoniale et à ses conséquences la société qu'elles désirent instaurer, garder ou transformer. C'est d'ailleurs dans la rupture des couples mixtes qu'apparaît l'ambiguïté face au couple biculturel. Au-delà de la réalité maghrébine, les enlèvements d'enfants transfrontières, les rétentions illicites réactivent les conflits culturels et juridiques. L'enfant biculturel questionne. Les décisions le concernant vont orienter son identité, sa place au croisement de deux univers ou son renoncement à l'un pour l'autre. Les possibilités de conciliation des notions juridiques dépendent de la volonté politique des États.

La notion de droit de l'enfant est déterminée dans chaque pays selon ses normes culturelles et juridiques propres. Il n'y a pas en ce domaine de conception universellement reconnue. Devant le vide juridique ou réglementaire, des mouvements associatifs se sont organisés et se concertent avec les États pour trouver des solutions à ces drames d'enfants tiraillés entre deux continents. La création d'autorités centrales spécialisées, les conventions judiciaires signées en 1981 avec le Maroc, 1982 avec la Tunisie, et pour la plus récente en 1988 avec l'Algérie, contribuent à diminuer l'ampleur du phénomène.

sont produites par l'Office des migrations internationales (OMI). Elles couvrent le recrutement de main-d'œuvre et le regroupement familial des catégories d'étrangers du ressort de l'Office.

L'Office français pour la protection des réfugiés et apatrides (OFPRA) reçoit quant à lui les demandes d'asile et attribue la qualité de réfugié. Il fournit des informations imparfaites car, dans l'état actuel, ni les demandes d'asile ni les attributions du statut de réfugié ne sauraient être assimilées purement et simplement à des entrées [28].

En 1988, différentes catégories de personnes de nationalité étrangère sont entrées en France :

— 29 345 personnes autorisées à rejoindre le chef de famille résidant en France ;

POURCENTAGE D'ÉTRANGERS DANS LA POPULATION TOTALE

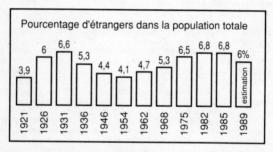

Source : ministère de l'Intérieur.

— 12 705 travailleurs munis d'un contrat de travail à durée indéterminée : 6 141 ressortissants de la CEE (les travailleurs de la CEE ne passent pas par l'intermédiaire de l'Office, mais sont néanmoins comptabilisés dans les statistiques), 6 564 non-ressortissants CEE (y compris les Espagnols et les Portugais qui ne bénéficieront de la libre circulation des travailleurs qu'au 1er février 1993) [21].

Pour le statisticien, est étranger toute personne qui n'a pas la nationalité française, alors que pour l'homme de la rue, le même mot recouvre un ensemble plus flou.

Si les statistiques montrent que la population étrangère est en train de se stabiliser, voire de régresser, certains continuent, pour des raisons idéologiques, d'affirmer qu'« il y a trop d'étrangers en France ». Michèle Tribalat [20] constate que cette défiance se nourrit aussi d'une confusion conceptuelle.

« Pour rendre compte plus complètement de la dynamique démographique de l'immigration perceptible notamment à travers la fréquentation des écoles, on recourt au concept d'apport démographique de l'immigration étrangère qui permet de mesurer quelle serait la population de la France si aucune immigration n'y avait pris place. En d'autres termes, en vertu des dispositions généreuses du Code de la nationalité française, la population résidente étrangère au sens juridique du terme ne serait que la pointe de l'iceberg, la partie visible de la contribution de l'immigration étrangère à la démographie de la France. »

Loin d'être un simple apport marginal, l'immigration étrangère est une composante essentielle de la croissance démographique et participe activement à l'apport de nouveaux Français. Quel que soit le choix de nationalité d'un immigré en France, la majorité de ses enfants et pratiquement tous ses petits-enfants seront français. La descendance des immigrés est ainsi absorbée par la population française en l'espace de deux générations.

5. Combien seraient-ils en l'an 2010 ?

En juin 1986, l'INSEE a publié ses projections sur l'évolution de la population étrangère en France d'ici les prochains recensements [16]. Si la législation ne change pas, le nombre des étrangers s'accroîtrait dans de très faibles proportions au cours des prochaines années. Mais la composition de cette population se modifierait profondément avec le temps, le nombre de personnes originaires de la Communauté européenne diminuant fortement pour laisser une place prépondérante aux Maghrébins. Ainsi, le nombre total d'étrangers passerait, de 3 680 000 lors du recensement de

La nationalité

La nationalité porte une charge symbolique et ce n'est pas par hasard si le débat sur la réforme du Code de la nationalité engagé en 1986, un dossier juridiquement complexe, s'est traduit assez vite dans la réalité par la question de l'intégration des enfants étrangers.

L'enfant né en France de parents étrangers acquiert la nationalité française à 18 ans s'il a eu sa résidence habituelle en France pendant les cinq ans qui précèdent sa majorité et s'il n'a pas décliné sa nationalité dans l'année précédant ses 18 ans (art. 44 du Code de la nationalité).

Toutefois, l'autorité publique peut faire obstacle à cette acquisition de deux façons. Soit par opposition : dans l'année précédant la majorité, le gouvernement peut, par décret, s'y opposer « pour indignité ou par défaut d'assimilation ». Soit par impossibilité : le juge d'instance peut refuser de délivrer le certificat de nationalité française, soit parce que celui qui la réclame fait l'objet d'un arrêté d'assignation à résidence ou d'expulsion (art. 50), soit parce que l'intéressé a fait l'objet d'une condamnation, non effacée par réhabilitation, à une peine de plus de six mois de prison, ou à une peine d'emprisonnement pour certains délits (vols, escroquerie, extorsion de fonds, faux et usage de faux) (art. 79).

On devient français par filiation ou par naissance en France. La tradition française, de façon continue de l'Ancien Régime à la période contemporaine, a fait du *jus soli* (droit du sol) le mode privilégié d'accès à la nationalité. Être né en France constitue un élément déterminant de la reconnaissance de la personne comme française.

Entre 1804 et 1851, le *jus sanguinis* (droit du sang) a seul prévalu et on en a rapidement perçu les inconvénients : les enfants d'étrangers nés et élevés en France, en restant des étrangers aux yeux de la loi, risquaient la marginalité. Ils constituaient une population à part au sein de la nation.

La loi de 1851, les textes de 1871, les lois de 1889 et 1937, l'ordonnance du 19 octobre 1945, puis la dernière réforme du Code de la nationalité en date du 9 janvier 1973 confirment ce droit du sol et introduisent même l'automatisme dans l'obtention de la nationalité, éliminant toute faculté de répudiation. C'est ainsi que des millions d'enfants de vagues d'immigrations précédentes intégrèrent sans bruit la nationalité française.

Depuis un siècle, des centaines de milliers d'étrangers ont contribué pour une part importante à la constitution du peuple français. On estime que le nombre d'étrangers devenus français depuis le début du siècle était de 500 000 en 1936, d'un million en 1954, et qu'il s'accroît en moyenne de 100 000 par an depuis 1973 [24].

Le projet de loi Chalandon en 1986 prévoyait deux modifications principales. La première visait la suppression de l'attribution automatique de la nationalité aux jeunes nés en France de parents étrangers (art. 44). On envisageait même de leur faire prêter serment à l'américaine.

La seconde modification concernait les conditions d'acquisition de la nationalité française en raison du mariage. Le conjoint étranger d'un Français ne pourrait plus acquérir la nationalité par simple déclaration. Il devrait demander sa naturalisation (art. 37).

Ce projet de réforme, engagé avec légèreté, provoqua un tollé : partis de gauche, associations, syndicats, représentants des religions ont manifesté leur indignation. Devant le concert des protestations, le garde des Sceaux gela la réforme, annonçant la création d'une commission de « sages » pour l'examen du projet.

Il fallut à la commission six mois d'enquêtes, d'auditions publiques télévisées en direct et de délibérations pour arrêter 60 propositions. Ses conclusions étaient en recul par rapport à l'esprit du projet initial de la réforme, les « sages » estimaient cependant qu'une réforme du Code était nécessaire.

En janvier 1989, le ministre de la Solidarité a annoncé des mesures pour faciliter la procédure de naturalisation, en donnant aux services préfectoraux la possibilité d'émettre eux-mêmes un avis favorable au lieu de faire transiter le dossier par le ministère et une plus grande transparence du processus de décision, qui obligerait l'administration, en cas de refus, à exposer ses raisons.

TABLEAU II — ÉVOLUTION DE LA POPULATION ÉTRANGÈRE PAR NATIONALITÉS
(Recensement 1946 à 1982)

Nationalité	1946		1954		1962	
	Nombre	Pourcentage	Nombre	Pourcentage	Nombre	Pourcentage
Population totale	**39 848 182**		**42 781 370**		**46 458 956**	
Ensemble des étrangers	1 743 619	100,0	1 765 298	100,0	2 169 665	100,0
Total nationalités d'Europe (sauf URSS)	1 547 286	88,7	1 396 718	79,1	1 566 205	72,2
Allemands	24 947	1,4	53 760	3,0	46 606	2,1
Belges	153 299	8,8	106 828	6,1	79 069	3,6
Espagnols	302 201	17,3	288 923	16,4	441 658	20,4
Italiens	450 764	25,9	507 602	28,7	628 956	29,0
Polonais	423 470	24,3	269 269	15,2	177 181	8,2
Portugais	22 261	1,3	20 085	1,1	50 010	2,3
Yougoslaves	20 858	1,2	17 159	1,0	21 314	1,0
Autres nationalités d'Europe (sauf URSS)	149 486	8,5	133 092	7,6	121 411	5,6
Total Afrique	54 005	3,1	229 505	13,0	428 160	19,7
Algériens	22 114	1,3	211 675	12,0	350 484	16,2
Marocains	16 458	0,9	10 734	0,6	33 320	1,5
Tunisiens	1 916	0,1	4 800	0,3	26 569	1,2
Autres nationalités d'Afrique	13 517	0,8	2 296	0,1	17 787	0,8
Total nationalités d'Amérique	8 267	0,5	49 129	2,8	88 377	4,1
Total nationalités d'Asie	69 741	4,0	40 687	2,3	36 921	1,7
Turcs	7 770	0,4	5 273	0,3		
Autres nationalités d'Asie	61 971	3,6	35 414	2,0	36 921	1,7
Soviétiques, Russes	50 934	2,9	34 501	2,0	26 429	1,2
Nationalités d'Océanie, apatrides et nationalités non précisées	13 386	0,8	14 758	0,8	23 573	1,1

Nationalité	1968		1975		1982	
	Nombre	Pourcentage	Nombre	Pourcentage	Nombre	Pourcentage
Population totale	**49 654 556**		**52 599 430**		**54 273 200**	
Ensemble des étrangers	2 621 088	100,0	3 442 415	100,0	3 680 100	100,0
Total nationalités d'Europe (sauf URSS)	1 875 648	71,6	2 090 235	60,7	1 753 160	47,6
Allemands	43 724	1,7	42 955	1,3	43 840	1,2
Belges	65 224	2,5	55 945	1,6	50 200	1,4
Espagnols	607 184	23,2	497 480	14,5	321 440	8,7
Italiens	571 684	21,8	462 940	13,4	333 740	9,1
Polonais	131 668	5,0	93 655	2,7	64 820	1,8
Portugais	296 448	11,3	758 925	22,0	764 860	20,8
Yougoslaves	47 544	1,8	70 280	2,1	64 420	1,7
Autres nationalités d'Europe (sauf URSS)	112 172	4,3	108 055	3,1	109 840	3,0
Total nationalités d'Afrique	652 096	24,8	1 192 300	34,6	1 573 820	42,8
Algériens	473 812	18,1	710 690	20,6	795 920	21,6
Marocains	84 236	3,2	260 025	7,6	431 120	11,7
Tunisiens	61 028	2,3	139 735	4,1	189 400	5,2
Autres nationalités d'Afrique	33 020	1,2	81 850	2,3	157 380	4,3
Total nationalités d'Amérique	28 436	1,1	41 560	1,2	50 900	1,4
Total nationalités c'Asie	44 708	1,7	104 465	3,0	293 780	8,0
Turcs	7 628	0,3	50 860	1,5	123 540	3,4
Autres nationalités d'Asie	37 080	1,4	53 605	1,5	170 240	4,6
Soviétiques, Russes	19 188	0,7	12 450	0,4	6 840	0,2
Nationalités d'Océanie, apatrides et nationalités non précisées	1 012	0,1	1 405	0,1	1 600	ε

Source : INSEE.

1982, à des chiffres allant, selon les hypothèses, de 3 773 000 (+2,5 %) à 3 880 000 (+5,4 %) en 1989, de 3 575 000 (−2,8 %) à 4 000 000 (+8,7 % au total) en 1996. Et finalement, de moins de 3 000 000 (−19 %) à un peu plus de 4 000 000 en l'an 2010.

Ces variantes correspondent à trois hypothèses démographiques : la première, la plus élevée, prévoit l'arrivée de 280 000 travailleurs étrangers supplémentaires entre chaque recensement (soit 40 000 par an en moyenne), comme au cours de la période 1975-1982, et un nombre d'enfants par femme inchangé, à âge et à ancienneté d'installation identiques. Dans la deuxième hypothèse, le nombre des travailleurs étrangers arrivant sur le sol français serait ramené à 220 000 entre 1982 et 1989, et à 140 000 tous les sept ans ensuite. Enfin, la troisième hypothèse, la plus basse, reprend ces prévisions d'entrées, mais suppose entre chaque recensement une baisse de 10 % de la fécondité des femmes étrangères (sauf pour les nouvelles arrivantes), celle-ci ayant nettement diminué entre 1975 et 1982.

La fécondité plus élevée des étrangères « non européennes », qu'elle se maintienne ou non, n'a guère d'influence sur le nombre total des étrangers d'ici à 2010, à l'exception des jeunes : c'est le nombre d'entrées de travailleurs migrants qui fait la différence.

Au total, la population étrangère serait composée en 1989 de 43 % de Maghrébins, de 34,5 % de ressortissants de la CEE et de 22,4 % pour les autres nationalités. Quelle part tiendraient les étrangers dans la population globale de la France ?

Elle a peu de chance de changer. Dans l'hypothèse haute, elle passerait de 6,8 % en 1982 à 6,9 % en 1989 et resterait stable ensuite. Dans les autres hypothèses, elle retomberait jusqu'à 5,6 % ou même 5,1 % en 2010, revenant à un chiffre proche de celui de 1968.

De l'ONI à l'OMI

Après la Seconde Guerre mondiale, le recours aux travailleurs étrangers s'imposait pour la remise en marche de l'économie et la reconstruction du pays. Au moment où de nombreux immigrants allaient être appelés, le gouvernement définissait une nouvelle politique d'immigration correspondant aux circonstances économiques et démographiques et mettait en place les instruments d'un contrôle.

C'est ainsi que l'ordonnance du 2 novembre 1945, en même temps qu'elle fixait les bases de la réglementation applicable aux étrangers venant séjourner et travailler en France, créait l'Office national d'immigration, établissement public doté du monopole des opérations de recrutement à l'étranger.

Le décret du 26 mars 1946 ajoutait aux compétences de l'Office celle de l'introduction des familles des immigrants.

A partir de 1974, date de suspension de l'immigration de travail, l'ONI a recentré son action dans le domaine du regroupement familial et du rapatriement volontaire des immigrés. Depuis 1977, il assure la gestion administrative et financière du dispositif d'aide au retour vers le pays d'origine, en même temps qu'il est appelé à recouvrer les contributions spéciales dues par les employeurs qui utilisent des travailleurs étrangers en situation irrégulière.

En 1987, l'ONI s'est mué en Office des migrations internationales (OMI). Cette transformation s'explique par la baisse de l'immigration en France qui a entraîné un ralentissement de ses activités et une volonté de renforcer la faible présence française à l'étranger.

Le nombre des Français expatriés s'élève à 1,45 million, soit 945 000 immatriculations dans les consulats, auxquelles s'ajoute le nombre des non-immatriculés qu'on évalue à 500 000 (2,5 % de la population nationale). Ce taux est relativement bas par rapport à d'autres pays développés : Suisse 12 %, Italie et États-Unis 10 %, Japon 8 % et Royaume-Uni 5 %.

La présence française à l'étranger tend à diminuer. Elle est passée de 1 million de personnes en 1972 à 955 000 en 1977 et 945 000 en 1987.

L'expatriation française est concentrée essentiellement en Europe où elle compte 678 000 personnes dont 160 000 en RFA et 304 000 en Amérique du Nord. En Afrique noire, le nombre est en forte baisse et atteint actuellement 148 000 personnes.

En 1988, l'OMI a procédé à 127 expatriations parmi les 511 proposées dont plus de la moitié ont été réalisées dans les pays de la CEE, 20 % aux États-Unis, 19 % au Moyen-Orient [21].

Le FAS

Le Fonds d'action sociale pour les travailleurs immigrés et leurs familles (FAS) gère chaque année un budget de 1,3 milliard de francs provenant pour 90 % de la Caisse d'allocations familiales et pour 10 % du Fonds social européen.

Il a ainsi subventionné 3 000 organismes en 1989 : associations, collectivités locales, administrations et établissements publics qui ont sollicité une aide pour mener, au plan local ou national, des actions au profit de l'intégration des immigrés.

C'est une ordonnance du 29 décembre 1958 qui a créé le « Fonds d'action sociale pour les travailleurs musulmans en métropole et pour leurs familles ». Il était alors essentiellement consacré aux travailleurs algériens qui se trouvaient en France métropolitaine.

Deux ans après l'indépendance de l'Algérie, un décret du 24 avril 1964 devait élargir la compétence du FAS à l'ensemble des étrangers venus travailler à titre permanent en France, ce qui allait s'exprimer par une nouvelle dénomination : « le Fonds d'action sociale pour les travailleurs étrangers ».

Le 14 septembre 1966, un nouveau décret allait étendre la compétence du FAS aux travailleurs étrangers venus occuper des emplois à titre temporaire ainsi qu'à d'autres, gens du voyage, réfugiés ou travailleurs originaires des DOM-TOM.

Deux autres dates importantes ont marqué cette institution : 1973 avec l'entrée dans son conseil d'administration des partenaires sociaux et 1983 avec un nouvel élargissement du conseil à des administrateurs étrangers.

Les trois principaux champs d'intervention du FAS sont le logement, la formation et l'action socio-culturelle. L'aide au logement représentant 40 % des subventions ; le FAS porte une lourde part dans la gestion des 700 foyers d'immigrés (140 000 lits), dont la moitié dépend de la SONA-COTRA. Mais les travailleurs étrangers n'affluent plus guère vers ces foyers-ghettos, et les maires répugnent à accorder de nouveaux permis de construire.

Côté formation, 30 % des crédits, le FAS finance des organismes d'insertion chargés de l'apprentissage du français et de la formation professionnelle.

L'autre partie des crédits (30 %) est consacrée au soutien de nombreuses associations agissant dans les domaines périscolaire, familial, socio-éducatif et artistique.

Depuis quelques années, tout le monde s'accorde pour souhaiter une meilleure transparence financière et une modification des structures de cette institution, surtout à l'heure où la politique de l'immigration n'est plus à la « ghettoisation ». Les autorités publiques continuent à s'interroger sur l'utilité d'un tel organisme spécifique.

III / Les politiques migratoires :
   instruments et mesures

1. 1850-1945: la politique du coup par coup

Avant 1850, l'immigration a été un phénomène de voisinage. Des étrangers franchissaient les frontières pour venir travailler en France. Ainsi, les Belges se retrouvaient au Nord et dans les Ardennes, comme des Allemands et des Suisses dans l'Est, des Italiens dans le Sud-Est et les Espagnols dans le Roussillon et le Pays basque.

A partir de 1850, les premières vagues d'immigration se produisent sous l'effet de l'industrialisation et c'est seulement trente ans après que les droits des étrangers évolueront sous l'effet du caractère massif de cette immigration.

C'est durant la période précédant la Première Guerre mondiale que vont apparaître les premières conventions internationales entre des pays fournisseurs de main-d'œuvre et la France. Elles garantissent aux étrangers les mêmes droits qu'aux salariés français, assurant ainsi à la fois aux États des pays d'origine des garanties sur le niveau des transferts financiers et le maintien d'une relation d'allégeance avec leurs ressortissants.

La guerre de 1914 contraint les pouvoirs publics à prendre en charge le transfert d'une importante main-d'œuvre venue des colonies, qui sera affectée aux besoins de la défense nationale.

L'immigration économique se développe par la suite dans

les années vingt, sous l'égide de la Société générale de l'immigration. De 1924 à 1930, celle-ci introduit 400 000 étrangers. La phase de dépression économique des années trente provoque l'arrêt temporaire de l'importation de cette main-d'œuvre et un contrôle sévère de l'immigration. Le retour forcé des immigrés est parfois organisé. Ces années voient la naissance d'un contrôle de l'accès des étrangers aux professions libérales et indépendantes (loi Aumbruster sur la médecine en avril 1933, textes de 1935 et 1938 sur le commerce.)

Entre 1931 et 1936, le nombre d'étrangers a été réduit de 2 890 423 à 2 453 507.

Si l'arrivée au pouvoir du Front populaire ne change pas le contenu de cette politique restrictive, elle l'assouplit dans certains domaines, notamment en favorisant la suppression des retours forcés [73].

En 1938, un sous-secrétariat d'État à l'Immigration fut créé. Sa politique voulait faire la synthèse entre l'impératif démographique, prenant en compte une population destinée à être assimilée, et l'impératif économique répondant à des besoins en matière de main-d'œuvre. L'idée était surtout de privilégier une immigration utile et assimilable [15].

Ce sous-secrétariat d'État proposait, d'une part, la création d'un Office national d'immigration chargé de la sélection ethnique et professionnelle de nouveaux migrants et, d'autre part, un statut juridique cohérent de l'étranger.

En 1945, avec la création par le général de Gaulle du Haut Comité de la Population, ce programme sera en partie repris. Avec l'ordonnance adoptée le 2 novembre 1945 qui traite de l'introduction, de l'entrée et du séjour des étrangers, l'ONI est créé et l'État reprend ainsi le monopole du recrutement et de l'introduction de la main-d'œuvre immigrée. Trois types de cartes de séjour ayant chacune une durée de validité différente (1, 3 et 10 ans) sont instituées.

Par ailleurs, l'immigration des familles, souhaitée par les autorités publiques pour des raisons démographiques, est organisée dans d'autres textes ainsi que la réglementation de la nationalité. A partir de là, la politique d'immigration va disposer d'une structure juridique cohérente.

2. Les « trente glorieuses » : du contrôle à l'arrêt de l'immigration

Durant les trente années de l'après-Seconde Guerre mondiale, la France a connu une croissance continue des flux d'immigration de main-d'œuvre.

Dans un premier temps, cette immigration a été considérée comme conjoncturelle et l'accent a été surtout mis sur son aspect quantitatif. L'arrivée des migrants palliait le déficit de main-d'œuvre nationale qui, au lendemain de la guerre, avait été chiffré à 1 million de travailleurs.

Au problème démographique lié à la baisse de la natalité et aux pertes consécutives aux deux guerres, s'ajoute une baisse régulière des taux d'activité. Entre 1946 et 1975, la part des actifs dans la population française de 16 à 64 ans a chuté de plus de 11 points, passant de 76,7 % à 65,3 %.

Dans ce contexte, le taux d'activité nettement plus élevé de la population étrangère lui confère, au cours de cette période, un rôle majeur dans l'équilibre entre le développement du système productif et son approvisionnement en force de travail. L'immigration est venue compenser la baisse de la participation des Français et son apport est considérable.

L'examen des flux d'entrées comptabilisées par l'ONI révèle clairement cette contribution de l'arrivée massive de travailleurs immigrés aux besoins de l'économie française. Entre 1946 et 1977, 2 472 171 travailleurs permanents (non compris les travailleurs algériens et ceux des pays d'Afrique anciennement sous administration française) ont été introduits ou régularisés par cet organisme.

Les nécessités de la reconstruction et la pénurie de logements ont incité les acteurs économiques à faire appel à des immigrés qui ne pouvaient être, faute de logements d'accueil, que célibataires.

C'est d'Italie, puis d'Algérie [1] que viendront jusqu'à la fin des années soixante les plus forts flux d'immigrants vers la France.

En 1956, sous la pression d'une forte demande de main-d'œuvre par les entreprises, les autorités publiques laissent de côté l'impératif démographique qui cédera vite la place à la logique économique. Jusqu'en 1967-1968, la dimension sociale des problèmes des immigrés sera presque complètement négligée. A partir des années soixante, l'immigration espagnole dépasse l'immigration italienne pour représenter en 1961 plus de la moitié des entrées en France.

Un accord de main-d'œuvre sera signé dès 1963 avec le Maroc, et les autorités françaises vont favoriser l'immigration clandestine des Portugais fuyant au cours des années soixante/soixante-dix le chômage et les guerres coloniales. Des instructions seront même données aux postes frontières pour « laisser faire et laisser passer ».

L'immigration prend le visage d'hommes seuls, ouvriers, interchangeables, rentables et de surcroît dociles et mobiles. Ces nouveaux immigrés sont recherchés tant par le patronat que par les gouvernements de l'époque, non seulement pour des raisons économiques, mais aussi sociales. En septembre 1963, le Premier ministre Georges Pompidou résumait parfaitement devant l'Assemblée nationale l'esprit d'une politique : « L'immigration est un moyen de créer une certaine détente sur le marché du travail et de résister à la pression sociale. »

Le Plan encourage aussi l'appel aux travailleurs étrangers et l'on craint même d'en manquer. Pour s'en procurer, le gouvernement n'hésite pas à encourager l'immigration clandestine. C'est le ministre du Travail lui-même, M. Jeanneney, qui va jusqu'à déclarer : « L'immigration clandestine elle-même n'est pas inutile, car si l'on s'en tenait à l'application stricte des réglementations et accords internationaux, nous manquerions peut-être de main-d'œuvre [1]. »

Les années soixante-dix annoncent une nouvelle conjoncture économique : la crise et la montée du chômage amènent, le 3 juillet 1974, le gouvernement Chirac à suspendre l'immigration.

A ce même Conseil des ministres du 3 juillet 1974, le nouveau secrétaire d'État chargé des Travailleurs immigrés fait adopter en contrepartie des mesures en faveur de ceux qui

---

1. Au quotidien *Les Échos* du 29 mars 1966.

sont installés depuis longtemps en France. Le logement est présenté comme une priorité, vu les mauvaises conditions de vie de nombreux étrangers dans les banlieues. Deux mois après, M. Postel-Vinay remet sa démission, parce que les mesures prises en faveur du logement notamment ne sont pas à la hauteur des exigences. Son remplacement par Paul Dijoud ne se traduit pas par un changement de stratégie. Ce dernier va, jusqu'en 1977 principalement, s'efforcer d'adapter les principaux axes de la politique de son prédécesseur aux contraintes de la crise économique.

Le secrétaire d'État met en place une mission judiciaire de lutte contre les trafics de main-d'œuvre clandestine. Il prend aussi en compte la dimension sociale des problèmes des immigrés, jusque-là négligée.

En cette matière, une politique active est donc menée. Le régime des titres de séjour et de travail est rationalisé.

C'est dans le domaine du logement, de la formation professionnelle et de l'action culturelle que des efforts importants sont effectués. En matière de logement, la contribution de 0,9 % des employeurs à l'effort de construction est portée à 1 % dont 0,2 % seront affectés à un fonds exclusivement réservé au logement des étrangers. Les politiques d'adaptation scolaire, de formation professionnelle sont développées en liaison avec les États d'origine. Pour la politique culturelle, deux organismes chargés de promouvoir les cultures d'origine sont créés en collaboration avec les États d'origine qui sont invités à fournir des émissions de télévision (ADRI-l'émission « Mosaïque »).

Cette politique menée par le secrétariat d'État aux Immigrés fut mal perçue par une opinion publique acquise au thème sécuritaire et le ministre de l'Intérieur agissait dans le domaine de l'ordre public, au cours de cette période, en multipliant les difficultés de conditions de vie et de travail des immigrés, ce qui provoqua une mobilisation des immigrés eux-mêmes et des organisations syndicales ou politiques décidées à faire un enjeu de ces problèmes.

Une nouvelle période s'ouvre, durant laquelle l'immigré devient « indésirable ». Les contraintes d'ordre international et d'ordre politique interne vont s'imposer dans la mise au point d'une nouvelle politique d'immigration.

3. 1977-1981 : les années de plomb

Dès son arrivée au secrétariat d'État en mars 1977, Lionel Stoléru met l'accent de sa politique sur les retours. Il s'agit d'octroyer une aide au retour volontaire uniquement destinée d'abord aux chômeurs, étendue par la suite aux travailleurs ayant exercé un emploi pendant au moins cinq ans, désireux de regagner leur pays d'origine. La politique d'insertion sera réduite. En mars 1978, le gouvernement décide de mettre en place un mécanisme de retours organisés et forcés d'une partie de la main-d'œuvre étrangère installée jusque-là régulièrement sur le territoire. L'objectif affiché est le retour de 500 000 étrangers étalé sur cinq ans. Les Portugais et les Espagnols (futurs ressortissants de la CEE), les réfugiés politiques et les demandeurs d'asile sont exclus de cette politique de retours forcés [73].

Un projet de loi se propose d'élargir les pouvoirs de l'autorité administrative afin de permettre l'expulsion de plusieurs catégories nouvelles d'étrangers. Parmi celles-ci, les étrangers dont l'autorisation de travail n'aurait pas été renouvelée. Une manière déguisée pour rapatrier les chômeurs étrangers.

Pour inciter au non-renouvellement des titres, un autre projet de loi remet en cause les titres de travail et de séjour. Parallèlement à cette modification restrictive de la réglementation existante, les autorités publiques vont souhaiter renégocier avec l'Algérie l'accord de 1968 pour les ressortissants résidant en France et dont la majeure partie des titres vient à échéance au cours de l'année 1978.

Ces projets vont échouer parce que, outre aux partis et syndicats de gauche, aux États d'origine, le gouvernement va se heurter à l'opposition d'une partie de sa majorité parlementaire sensible à la mise en cause des valeurs républicaines et aussi à la dimension internationale du problème.

4. L'après-mai 1981 : l'immigration, un enjeu politique

A son arrivée au pouvoir en mai 1981, la gauche va essayer, du moins au début, de tourner le dos à la politique précédente. La réglementation sur l'entrée et le séjour sera modifiée en faveur de certaines catégories d'étrangers. Les compétences de la sanction du séjour irrégulier seront transférées à l'autorité judiciaire, le regroupement familial réautorisé, l'aide au retour supprimée... Autant de mesures prises pour « assainir » la situation des immigrés.

L'opération de régularisation de 130 000 travailleurs clandestins arrivés en France avant le 1er janvier 1981 va mobiliser à partir d'août 1981, durant les années 1982 et 1983, la polémique sur la politique d'immigration.

Le droit d'association sera reconnu aux étrangers et la régionalisation du FAS amorcée. Le gouvernement commence à percevoir les limites du possible de sa politique lors du débat qui s'instaure sur la proposition d'accorder le droit de vote aux étrangers lors des élections locales. Annoncée par Claude Cheysson, ministre des Relations extérieures, en août 1981, cette mesure a suscité de telles réactions de refus dans l'opinion publique, qu'elle est abandonnée.

Le débat suscite l'affrontement entre la droite et la gauche. Les mesures prises par le gouvernement Mauroy en cette matière sont vivement attaquées par l'opposition qui fait naître le mythe du « laxisme » des socialistes sur cette question. Un argument qui sera largement utilisé dans les années suivantes, nourri par de nombreuses publications, livres et articles de presse, mettant l'accent notamment sur l'illégitimité de la présence étrangère en France, le caractère inassimilable des musulmans maghrébins, le coût de l'immigration trop élevé et la nécessité d'un retour massif des étrangers. Des idées reprises dans le programme du Front national et par une frange de la droite [55].

Délinquance, chômage, immigration clandestine, réminiscences du passé algérien de la France, encore si sensibles pour une partie de l'opinion, c'est sous ces traits que sont apparus les immigrés aux Français à partir des années quatre-vingt. Les attaques contre l'immigration culminent au cours de la campagne pour les municipales de mars 1983 [63].

La décennie quatre-vingt est marquée par une présence beaucoup plus visible des immigrés et des jeunes issus de l'immigration. Il s'agit soit d'une visibilité voulue, comme dans le cas des *marches pour l'égalité* de 1983 et 1984, soit d'une visibilité involontaire mais néanmoins très médiatique : les « étés chauds » de 1981 et 1982 dans la banlieue lyonnaise (les fameux « rodéos des Minguettes »). Les grèves dans les usines automobiles d'Aulnay-sous-Bois (cinq semaines en avril 1982), puis à Talbot-Poissy (septembre 1982) suscitent des réactions négatives dans l'opinion. Il faut dire que tous ces incidents ont bénéficié d'une couverture médiatique. Et l'on commence à s'interroger sur l'immigration « chance ou risque » pour la France [57].

Ce débat sur l'immigraton a enfanté de nouveaux thèmes : la défense de « l'identité nationale » et son corollaire, la réforme du Code de la nationalité. Ces deux idées, lancées à la fin de l'année 1984 par les ouvrages d'Alain Griotteray et de Jean-Yves Le Gallou ([59] et [61]), ont été reprises dans la plate-forme UDF-RPR en janvier 1986 et dans de nombreux discours.

L'après-mars 1986 va se caractériser par une nouvelle précarisation de la situation des étrangers (la loi Pasqua de septembre 1986 et le charter de 101 Maliens), accompagnée d'un vaste débat autour de la réforme du Code de la nationalité. Le gouvernement cherchait à donner satisfaction à cette partie du public national hostile à toute présence étrangère.

En mai 1988, le retour de la gauche au pouvoir se solde par l'abrogation de quelques dispositions de la loi Pasqua et l'entrée en vigueur de la loi Joxe. En décembre, le gouvernement crée le comité interministériel et le Haut Conseil à l'intégration dans le but d'une meilleure maîtrise de l'immigration.

En plus de quelques mesures sociales dans le domaine du logement et de l'école pour faciliter l'intégration des étrangers en situation régulière, ce comité s'est donné comme objectif d'assurer un contrôle strict aux frontières, de démanteler les filières d'entrées clandestines et de rendre plus efficace la répression du travail clandestin.

De même, les demandes d'asile, qui ont doublé en deux ans (plus de 70 000 en 1988), feront l'objet d'un examen accéléré. Des moyens supplémentaires sont accordés à l'Office français de protection des réfugiés apatrides (OFPRA) pour lui permettre de résorber le surnombre de dossiers en cours et de traiter les nouveaux dossiers dans un délai de moins de trois mois. Les demandeurs d'asile pourraient ne plus bénéficier de droits comparables à ceux des réfugiés avérés.

Dans le but de permettre les reconduites à la frontière des étrangers en situation irrégulière, des moyens supplémentaires sont accordés au ministère de l'Intérieur.

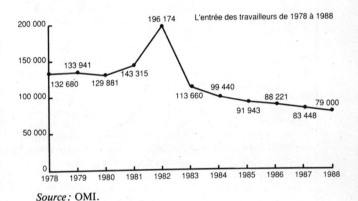

L'entrée des travailleurs de 1978 à 1988

Source: OMI.

Le Haut Conseil à l'intégration

Créé le 19 décembre 1989, le Haut Conseil est chargé « de donner son avis et de faire toute proposition utile » sur l'intégration des populations d'origine étrangère en France. Ses neuf membres sont nommés pour trois ans (avec un mandat renouvelable une fois).

Le secrétariat est assuré par le secrétaire général à l'Intégration, Hubert Prévot. Chacun des neuf « sages » a été choisi pour sa compétence et a eu l'occasion de gérer au niveau local ou administratif les questions se rapportant à l'immigration. Les quatre grandes formations politiques (P.C.F., P.S., R.P.R. et U.D.F.) y sont représentées.

Le Haut Conseil a déjà lancé des études pour préciser « l'imbroglio » statistique qui entoure l'immigration. Il doit surtout publier un rapport annuel pour améliorer l'information sur les phénomènes migratoires.

Georges Morin, élu local, est chargé au parti socialiste des relations avec les Français originaires du Maghreb, il est membre de ce Haut Conseil. Pour lui, l'intégration, c'est avant tout l'urgence de s'attaquer aux vraies questions. Celles qui touchent à la fois les Français et les immigrés. D'une part, il faut combattre la misère. Qui peut nier le vœu profond d'intégration de l'immense majorité des immigrés ? Mais ces derniers appartiennent souvent aux classes les plus défavorisées, cumulant avec les rejets racistes les handicaps économiques et sociaux. D'autre part, il faut combattre l'ignorance : mobiliser les deux grands vecteurs de l'opinion que sont l'école et les médias pour apprendre à l'ensemble des Français ce qu'ils doivent aux apports des autres cultures. On sera ainsi à même d'éliminer bien des fantasmes, tout en rendant à ceux qui viennent d'ailleurs une dignité individuelle et collective sans laquelle il ne saurait y avoir de véritable intégration. »

La loi Joxe

« Rigueur », « humanisme », ce sont les propres termes utilisés par le ministre de l'Intérieur pour définir la loi (n° 89-548 du 2 août 1989), relative aux conditions de séjour et d'entrée des étrangers en France.

Cette réglementation abroge quelques dispositions de la loi Pasqua, du 9 septembre 1986. Évidemment, ce texte ne suscite plus l'unanimité dans les milieux politiques. Une nouvelle mouture sur la reconduite aux frontières (art. 10) était nécessaire. Son annulation par le Conseil constitutionnel était d'autant plus percutante que la compétence du juge judiciaire avait été souhaitée par le président de la République, pour « défendre les libertés individuelles ».

Dans un souci de contrôle et afin de décourager l'immigration clandestine, le législateur maintient les dispositions anciennes sur les conditions d'entrée des étrangers en France : institutionnalisation du principe des visas, justification de ressources financières suffisantes pour résider en France et éventuellement en repartir.

La loi Joxe renforce les droits des étrangers ayant des attaches familiales françaises ou une certaine ancienneté de séjour. Les conditions d'obtention de plein droit de la carte de résident sont plus libérales : la réserve de l'ordre public est supprimée ; les catégories de bénéficiaires de cette carte sont élargies. L'étranger résidant régulièrement en France depuis plus de dix ans ou depuis l'âge de 10 ans est bénéficiaire d'une carte de résident de plein droit. Il en est de même pour les étrangers et conjoints de Français justifiant d'une ancienneté de séjour depuis plus de quinze ans. La condition relative au délai d'une année de mariage et la justification d'une communauté de vie effective ont été supprimées pour remédier aux complications administratives inutiles. Les mariages de complaisance sont sanctionnés par le retrait de la carte de résident. Les étrangers titulaires d'une rente pour maladie professionnelle, les conjoints et enfants d'un réfugié ou apatride jusqu'à 18 ans révolus peuvent aussi bénéficier de la carte de résident. Le séjour irrégulier ne peut être un obstacle à l'obtention de cette carte. Enfin, ce n'est qu'au bout de trois ans d'absence du territoire national que la péremption de la carte de résident peut être opposée à l'étranger. Ce délai peut être prolongé à la demande de l'intéressé.

Les mineurs bénéficient d'un traitement de faveur. L'obligation de détenir un titre de séjour est reportée de 16 à 18 ans. Il s'agit de leur faciliter les déplacements transfrontaliers. Cette limite d'âge est en harmonie avec les dispositions relatives à l'acquisition de la nationalité française. A sa majorité, le jeune vivant en France depuis cinq ans devient automatiquement Français, sauf s'il souhaite conserver sa nationalité d'origine. L'obtention d'un titre de séjour est facilitée au jeune étranger âgé de 16 à 18 ans pour travailler. Consolidation de la situation administrative des jeunes installés durablement en France : délivrance de plein droit de la carte de séjour temporaire avec la mention « membre de famille » ou « travail » si l'un des parents est titulaire d'un titre de séjour temporaire sous réserve d'une autorisation de séjour au titre du regroupement familial ; ou de la preuve de son entrée en France avant le 7 décembre 1984 à un âge inférieur à 16 ans et en scolarité régulière. Délivrance de plein droit de la carte de résidence au mineur venu rejoindre l'un de ses parents réfugié ou apatride ou entré à moins de 16 ans en France avant le 7 décembre 1984 si l'un des parents est titulaire de la carte de résident.

Des commissions départementales de séjour, aux débats contradictoires, composées de trois magistrats, exerceront un contrôle préalable sur les décisions de refus de renouveler ou de délivrer un titre de séjour pour les étrangers résidant régulièrement en France ou ayant des attaches familiales françaises. L'étranger sera convoqué quinze jours avant la réunion de la commission. Il pourra être défendu par un conseil ou toute personne de son choix et assisté d'un interprète. Il a droit au bénéfice de l'aide judiciaire. Des commissions identiques sont instaurées en cas d'expulsion.

Les étrangers démunis d'un titre de séjour peuvent contester devant le tribunal administratif l'arrêté de reconduite à la frontière. Délai suspensif : quarante-huit heures. Si l'arrêté est annulé, l'étranger bénéficie automatiquement d'une autorisation provisoire de séjour. Le préfet peut faire appel devant le Conseil d'État. Si l'arrêté est légal, un nouveau recours devant la cour d'appel pourra être engagé, mais lui ne sera pas suspensif.

La version initiale de l'article 10 envisageant le recours devant les tribunaux judiciaires était contraire à une règle fondamentale de droit : le principe de la séparation des pouvoirs. Le Conseil constitutionnel le 28 juillet 1989 avait annulé cette disposition : seul le juge administratif est compétent pour apprécier la légalité des actes de l'administration.

Aux catégories des personnes « inexpulsables » s'ajoutent les étrangers résidant en France depuis plus de dix ans, ceux mariés avec un Français depuis six mois et ceux qui n'ont pas été condamnés au moins à une peine d'un an d'emprisonnement ferme en une seule condamnation.

La délinquance des étrangers

D'après les statistiques de la police judiciaire comptabilisant la population mise en cause dans des actes de délits, le nombre des étrangers est passé de 130 876 en 1983 à 140 204 en 1984, puis de 130 597 en 1986 à 130 070 en 1987. Le taux de criminalité, soit le nombre de personnes mises en cause pour 1 000 habitants, traduit certes une surreprésentation étrangère dans la population délinquante. On comptait en 1987, 12,6 délinquants pour 1 000 nationaux, et 29,2 pour 1000 étrangers.

Cette surreprésentation appelle quelques commentaires et précisions ayant trait aussi bien à la nature des délits, à leur lieu géographique, qu'au caractère scientifique des statistiques ou encore aux rapports entre les étrangers et le système répressif français.

Ainsi, « sans les chèques sans provision », le taux de criminalité aurait été de 28 pour 1 000 en 1987, et « sans les délits à la police des étrangers », de 21,4 pour 1 000. En effet, les nombreuses mesures prises contre l'immigration clandestine augmentent la mise en cause des étrangers pour irrégularité des conditions de séjour. La délinquance pour laquelle la participation des étrangers est la plus forte correspond aux délits à la police des étrangers (96,8 %), aux faux documents d'identité (68,7 %). Les crimes et délits de profit ou de comportement sans profit arrivent bien après (vol à l'étalage, 19 % ; coups et blessures, 17,3 %). A noter aussi la faible participation des étrangers à la délinquance astucieuse (7 %) et aux crimes et délits contre l'enfant et la famille (7,3 %).

Les chiffres de la population incarcérée confirment une surreprésentation d'étrangers. Sur 47 694 personnes détenues en France au 1er janvier 1987, 13 123 étaient de nationalité étrangère. Les nationalités d'Afrique les plus représentées sont celles du Maghreb (72 % de l'ensemble africain). Pour l'Europe, on compte 23 % de Portugais, 18 % d'Italiens, 14 % d'Espagnols. Pour l'Asie, les Sri-

Lankais et les Libanais représentent 17 %, les Turcs 15 %, enfin, sur l'ensemble des détenus du continent américain, 50 % sont colombiens. En fait, ces chiffres mettent bien en évidence l'impact des différentes logiques dans le repérage de la délinquance étrangère. Les délits consécutifs aux lois régissant les flux migratoires devraient être englobés au même titre que les autres actes délinquants. N'y a-t-il pas aussi une certaine marge d'erreur dans la façon de comptabiliser le taux de criminalité française établi comme étant le rapport entre le nombre de délinquants et la population totale de chaque communauté ? Les statistiques de la police judiciaire ne comptabilisent que les étrangers ayant la qualité de résident en France.

Sans « enfoncer des portes déjà ouvertes », on ne peut nier aussi les facteurs socio-primaires comme la situation économique, le sexe ou l'âge qui influent sur la délinquance. Des études ont montré qu'en comparant ces variables entre la population autochtone et celle étrangère, il n'existe pas de surcriminalité des migrants, exception faite des Algériens, par opposition aux groupes marocain et tunisien. L'origine culturelle ne serait pas d'une influence prépondérante sur la délinquance.

Ces variables constatées et sans nier l'importance de la population étrangère délinquante, il faut mettre en garde contre les différentes logiques des discours des agents qui interviennent dans le repérage, l'instruction, le jugement ou la rééducation. Ne répercutent-ils pas une sorte de rejet du groupe social qui les remarque et les sanctionne ? Ainsi, des conflits qui peuvent trouver des solutions amiables quand les nationaux sont en cause entraînent la mise en marche de l'ordre judiciaire et donc une prise en compte dans les statistiques dans le cas des étrangers. Des études notent que les Français font plus souvent l'objet d'une garde à vue, mais que les étrangers restent plus longtemps dans les locaux de la police et sont plus souvent mis en détention provisoire.

L'importance de la délinquance étrangère ne peut être niée, ni ses principales causes dépassant le phénomène migratoire. C'est une crise sociale plus globale due en partie à un processus de marginalisation des populations.

IV / L'économie de l'immigration

1. Une main-d'œuvre en baisse

Le nombre total des travailleurs étrangers est stable : environ 1,5 million en mars 1988 selon la dernière enquête Emploi de l'INSEE (soit 6,5 % de la population active totale) sans changement notable par rapport aux résultats du dernier recensement (mars 1982) ou de la dernière enquête ACEMO du ministère du Travail (décembre 1985). Mais au-delà de cette stabilité, on enregistre une baisse sensible et un puissant mouvement de féminisation de la main-d'œuvre étrangère (l'élément féminin représente entre 20 et 30 % de la population active étrangère).

Le recensement en 1982 compte 1 556 260 actifs et près de 86 % de ces actifs, soit 1 338 120 personnes, occupent un emploi.

Leur présence dans certains secteurs clés, encore délaissés par les travailleurs nationaux, reste décisive pour l'économie. Plus de 85 % des salariés étrangers sont des ouvriers et représentent 17,5 % de cette catégorie (25 % des manœuvres, et seulement 2 % des cadres). Ils sont nombreux dans certains secteurs d'activité : plus de 30 % dans le génie civil et les services d'hygiène, environ 25 % dans le bâtiment et les travaux publics, plus de 15 % dans la construction automobile, plus de 10 % dans les mines, la fonderie, les industries des métaux et les matériaux de construction, des secteurs caractérisés par une certaine pénibilité des tâches. Quelque 10 % seulement des actifs étrangers sont employés du tertiaire, pour plus de 30 % de l'ensemble de la population.

Les licenciements massifs opérés durant la décennie de la crise (1975-1985) parmi la main-d'œuvre étrangère sont la conséquence des motifs pour lesquels on l'avait embauchée. La modernisation, les restructurations, le redéploiement des industries et l'automation suppriment des emplois souvent répétitifs et dangereux.

En 1972, les étrangers occupant un emploi représentaient 5,7 % de l'ensemble de la population active : 16,2 % des effectifs totaux du bâtiment-travaux publics, 12,6 % du personnel des services domestiques, 7,7 % des emplois industriels. Trois ans plus tard, la population étrangère active s'est accrue légèrement jusqu'à 6,2 % de la population active totale. Les professions exercées sont, pour l'essentiel, celles à faible qualification : 18,6 % des salariés agricoles, 17,7 % des manœuvres, 12 % des ouvriers, 8,6 % du personnel de service. En 1980, la répartition des travailleurs immigrés selon leur profession demeure tout à fait comparable à celle observée en 1975 ainsi que leur poids dans l'ensemble de la population active (6,1 %). Et si l'on assite en 1985 à un léger renforcement de la présence étrangère parmi les actifs (6,9 %) occupant un emploi, les professions principalement exercées n'ont, pour ainsi dire, pas changé : 14 % chez les ouvriers et 13,6 % chez le personnel des services. La seule nouveauté réside dans l'apparition d'une population n'ayant jamais travaillé, à la recherche d'un emploi (15,1 % de demandeurs d'emploi étrangers).

Entre 1975 et 1982, la population active ayant un emploi a diminué de 11,5 % chez les étrangers, alors qu'elle a augmenté de 3,5 % chez les Français, le nombre des chômeurs étant multiplié par 3 chez les étrangers et par 2,5 chez les Français.

Selon les enquêtes Emploi de l'INSEE, le recul de la population étrangère par rapport à l'ensemble de la population salariée se poursuit puisque, en quatre ans (de 1984 à 1988), la part des salariés immigrés est en recul d'un point en moyenne. Toutes les activités semblent touchées, les hommes comme les femmes. Les résultats des enquêtes du ministère des Affaires sociales confirment d'année en année la baisse de la présence étrangère dans les secteurs industriels et dans les activités du bâtiment-travaux publics (BTP). Naturellement, cette baisse induit une modification dans la structure des emplois par catégorie socio-professionnelle : chez les ouvriers, la proportion des effectifs immigrés tombe à 12,6 % en 1987, à 4,7 % chez les employés et à 2,2 % pour les professions intermédiaires. Les cadres étrangers représentent toujours à la même date 3,1 % de cette population, les artisans 4,7 % et les commerçants 4,8 %.

Dans l'ensemble des salariés (nationaux + étrangers), la proportion de ceux possédant une nationalité étrangère s'atténue : 10,1 % en 1979, 9,2 % en 1982, et 8,4 % en 1985.

Quant à la composition par nationalité, elle ne se modifie guère. Sur 100 salariés étrangers, près de la moitié (47) sont originaires des pays de la CEE et 40 environ d'Afrique (Maghreb et Afrique noire). Un changement pourtant : la diminution du poids relatif des Algériens qui représentent désormais moins de 20 % des travailleurs immigrés, au lieu de 22 % en 1982.

On assiste aussi à un double mouvement touchant aux catégories socio-professionnelles : d'abord, la part des employés qui s'accroît (13,2 % au lieu de moins de 10 % en 1982) et celle des ouvriers qui régresse (79,5 % au lieu de 84,5 %). Ensuite, parmi ces derniers, la hausse des qualifications se poursuit. Fin 1985, près d'un ouvrier étranger sur deux est « qualifié », et plus d'un sur trois « spécialisé ».

La structure de la main-d'œuvre étrangère connaît des transformations autant dans sa composition par sexe et par groupe d'âge que dans sa localisation sectorielle. Le recul de l'industrie et du BTP a accentué la tertiarisation de l'emploi étranger.

Ce taux de présence étrangère connaît sa plus forte régression dans la construction automobile (13,5 % en 1985 au lieu de 16 % en 1982) et dans l'industrie des métaux (respectivement 10,7 % et 12,4 %). Il progresse le plus nettement dans l'hôtellerie et la restauration (14,3 % au lieu de 11,5 %) et dans les services marchands rendus aux particuliers (respectivement 13,2 % et 11,4 %).

En permanence, la main-d'œuvre étrangère se transforme, comme toute population active, par l'arrivée des jeunes et le départ des retraités, par l'accroissement du taux d'activité des femmes. Il apparaît de plus en plus que l'emploi salarié étranger se réduit fortement et se localise différemment, sa distribution sectorielle se rapprochant ainsi de celle de l'emploi salarié dans son ensemble.

L'emploi offre aux étrangers un léger processus d'intégration et de mobilité sociale, peut-être lente, mais réelle. Ce lent mécanisme de mobilité sociale profite avant tout à la seconde génération. Les études sur l'emploi des étrangers indiquent une chute sensible du nombre des jeunes immigrés dans le bâtiment et les travaux publics et une montée nette dans le tertiaire marchand. Les écarts de statuts professionnels entre Français et étrangers tendent à se réduire, surtout dans le cas des nouvelles générations.

Le taux de salariés étrangers dans l'ensemble de la population salariée diminue, passant de 11,7 % en 1973 à 8,4 % en 1985.

Dans l'industrie, le taux des étrangers passe, de 1973 à 1985, de 11,2 % à 8,5 %, dans les bâtiments et travaux publics, de 29,3 % à 21,8 %, et dans les services, de 5,7 % à 6,15 %. La répartition des étrangers dans les grands secteurs d'activité se rapproche de manière lente mais perceptible de celle des Français.

Parmi l'ensemble des salariés, la part des étrangers ne cesse de se réduire. Elle est passée de 11,9 % en 1973 à 8,4 % en 1985 et 7,3 % en 1988.

Les statistiques du ministère du Travail et de l'Emploi portant sur les établissements de plus de 10 salariés (mars 1990) dénombrent, en décembre 1988, 703 000 salariés étrangers employés dans ces entreprises (788 000 en 1985).

Si la proportion de sociétés employant des étrangers diminue (de 53,2 % à 49,2 % de 1985 à 1988), celles qui engagent des étrangers accentuent leur recours à cette main-d'œuvre, qui constituait 12,4 % de leurs salariés en 1988 contre 10,5 % en 1985.

TABLEAU III. — SALARIÉS ÉTRANGERS SELON L'ACTIVITÉ ÉCONOMIQUE ET LE SEXE

(en %)*

	1987						1988					
	HOMMES		FEMMES		LES DEUX SEXES		HOMMES		FEMMES		LES DEUX SEXES	
	Effectifs	en %	Effectifs	en %	Effectifs	en %	Effectifs	en %	Effectifs	en %	Effectifs	en %
Agriculture	16 492	9,0	5 828	9,5	22 320	9,1	22 698	11,0	4 381	7,5	27 079	10,2
Industries agricoles et alimentaires	17 868	5,2	9 023	5,0	26 891	5,1	16 061	4,8	7 590	4,5	23 651	4,7
Énergie	11 484	5,2	949	1,9	12 433	4,6	9 657	4,5	1 317	2,6	10 974	4,1
Industrie des biens intermédiaires	87 420	8,9	10 168	4,7	97 588	8,1	91 223	9,9	11 895	5,5	103 118	9,1
Industrie des biens d'équipement	89 825	7,5	16 573	4,6	106 398	6,9	87 902	7,5	13 183	3,7	101 085	6,6
Industrie des biens de consommation	67 189	11,6	36 916	6,5	104 105	9,1	60 182	10,6	36 239	6,4	96 421	8,5
Total industrie	273 786	8,2	73 629	5,4	347 451	7,4	265 025	8,2	70 224	5,2	335 249	7,3
Bâtiment, génie civil et agricole	228 026	19,9	2 870	3,0	230 896	18,6	227 458	19,8	5 471	5,3	232 929	18,6
Commerce	53 954	5,4	37 583	3,9	91 537	4,7	55 450	5,5	38 854	4,0	94 304	4,7
Transport et télécommunications	30 383	3,3	4 722	1,4	35 105	2,8	33 316	3,6	4 106	1,3	37 422	3,0
Services marchands	132 623	9,2	120 861	5,7	253 484	7,1	136 697	9,2	123 095	5,7	259 792	7,1
Institutions financières	9 500	2,9	7 880	2,2	17 380	2,5	8 484	2,5	7 014	1,9	15 498	2,2
Services non marchands	44 309	2,5	90 950	3,7	135 259	3,2	47 133	2,6	97 438	3,9	144 571	3,4
Ensemble du tertiaire	270 769	4,9	261 996	4,2	532 765	4,6	281 080	5,1	270 507	4,3	551 587	4,6
Toutes activités	793 756	7,8	346 375	4,5	1 140 131	6,4	800 522	7,9	352 305	4,5	152 827	6,4

* Pourcentage calculé par rapport à l'effectif salarié (français + étrangers) de l'activité.
Source : Enquête sur l'emploi, mars 1987, INSEE.

En revanche, la répartition par nationalité évolue peu : les salariés portugais restent les plus nombreux (28,9 %) devant les Algériens (19,3 %) et les Marocains (12,8 %). Viennent ensuite les Italiens (6,9 %), les Espagnols (6,4 %), les Africains (5,3 %), les Tunisiens (4,9 %), les Turcs (3 %), les autres ressortissants de la CEE (3,8 %), et différentes nationalités asiatiques (2,2 %). La CEE fournit donc 46 % de cette main-d'œuvre, un chiffre en légère diminution (47,2 % en 1985).

Leurs secteurs d'activité traditionnels restent le bâtiment et le génie civil-agricole : 26,8 % de cette main-d'œuvre y travaillent. Le reste se répartit entre les services (24,7 %), l'industrie de biens intermédiaires (13,4 %), l'industrie de biens d'équipement (13 %), l'industrie de biens de consommation (8,2 %), le commerce (7,6 %), les transports (3,2 %), les industries agricoles et alimentaires (3 %).

En 1988, 4 salariés étrangers sur 5 (78 %) étaient des ouvriers (contre 84,9 % en 1985). Cette proportion tend cependant à diminuer au profit d'autres catégories : employés (13,3 % en 1988 contre 9,8 % en 1985), agents de maîtrise et techniciens (4,2 % contre 3 %), cadres (3,7 % contre 2,3 %).

Parmi les ouvriers, la part des ouvriers spécialisés se réduit (de 49,2 % en 1985 à 33,3 % en 1988) au bénéfice de celle des ouvriers qualifiés (50,6 % en 1988 contre 44,2 % en 1985). Le nombre des apprentis et des manœuvres reste en revanche à peu près stable : 16,1 % des ouvriers (contre 16,6 % en 1985).

Bien qu'il existe de nombreux documents provenant de l'INSEE et du ministère du Travail, certaines données de base font défaut. On ne connait pas par exemple avec certitude la répartition géographique de la population étrangère au travail. Il est aussi difficile d'avoir des données de base précises sur la main-d'œuvre étrangère employée dans les entreprises de moins de dix salariés, pourtant, ce sont elles qui créent le plus d'emplois.

Les saisonniers

Chaque année, même depuis la fermeture des frontières en 1974, plus de 100 000 hommes et femmes viennent effectuer un travail saisonnier en France. Bon nombre d'entre eux avec un contrat légal de l'Office des migrations internationales (OMI), d'autres, de manière beaucoup plus « parallèle ».

En 1987, ils n'étaient que 76 647. Plus de 75 000 dans l'agriculture, les vendanges notamment, et un millier dans le commerce. Pour la plupart, ils sont originaires d'Espagne (60 000), du Portugal (12 000), du Maroc (3 000) et de Tunisie (500) [21].

Les saisonniers viennent pour exécuter des missions à durée limitée dans des activités agricoles ou encore à durée déterminée dans l'hôtellerie, l'industrie ou le commerce.

La durée du contrat de travail du saisonnier varie de deux semaines à six mois. A titre exceptionnel, elle peut être portée à huit mois pour certaines activités de production agricoles déterminées. Pour les saisonniers marocains et tunisiens, il y a une limitation du nombre de travailleurs introduits par un employeur, et de la durée du contrat (quatre mois au maximum).

Quelquefois, c'est toute la famille qui émigre pour accroître le gain de la saison et, souvent, le saisonnier accepte des conditions de vie et de travail inhumaines. Les Espagnols se déplacent beaucoup en famille pour effectuer les vendanges. Il n'est donc pas étonnant que les femmes soient aussi nombreuses (13 422) à se rendre dans les vignobles du sud de la France. En proportion, 37 % en 1988, le pourcentage dans la vendange ne varie guère depuis 1984.

L'apport de ces vendangeurs, ouvriers agricoles ou saisonniers de l'hôtellerie et du commerce est nécessaire à notre économie nationale.

2. Une menace pour l'emploi?

En 1988, on dénombrait 309 163 demandeurs d'emploi étrangers, soit 11,7 % de l'ensemble des demandeurs d'emploi. Un chiffre légèrement plus élevé que la moyenne nationale [14].

Dans une société fortement marquée par l'extension du chômage, les immigrés sont parfois considérés comme ceux qui bénéficieraient d'une position préférentielle dans le domaine de l'emploi, voire qui « prendraient la place » des nationaux. La réalité est cependant plus complexe. Le chômage des immigrés n'a pas progressé entre 1974 et 1978. L'accélération du chômage après 1974 a d'abord touché les jeunes et les femmes, à une époque où la population active étrangère était encore largement adulte et masculine. En se développant plus largement comme chômage d'insertion que comme chômage de licenciements, le chômage global ne pouvait donc frapper les étrangers plus durement que les nationaux.

C'est à partir de 1980 que la situation de l'emploi des étrangers a commencé à se dégrader, depuis que se sont accentuées les difficultés de l'industrie française. Les évolutions de l'emploi et du chômage étrangers doivent être appréciées par rapport aux mutations de l'économie française, en particulier dans l'industrie. Ces dernières, en effet, s'accompagnent depuis plusieurs années d'une réorganisation du travail, elle-même marquée par l'érosion des emplois à faible qualification, que ceux-ci soient occupés par des nationaux ou par des étrangers.

Pendant les premières années de la crise, les étrangers ont été moins touchés par le chômage que les Français. Leur situation s'est dégradée par la suite pour s'améliorer à partir de 1986.

L'enquête Emploi de mars 1986 donne un taux de chômage des étrangers supérieur à celui des Français.

De 1984 à 1986, le chômage des étrangers décroît de 3,1 % alors qu'il augmente de 4,3 % pour les Français. En revanche, après avoir été plus brève, 262 jours contre 288 en 1983,

En neuf ans, de 1979 à 1988, la main-d'œuvre étrangère dans les établissements de 10 salariés et plus a diminué de 34 %, tombant de 1 074 000 à 703 000. En 1988, elle représentait 7,3 % de l'ensemble des salariés.

Source: ministère du Travail, mars 1990.

LA QUALIFICATION DES SALARIÉS ÉTRANGERS
(en % de la main-d'œuvre étrangère, 1985)

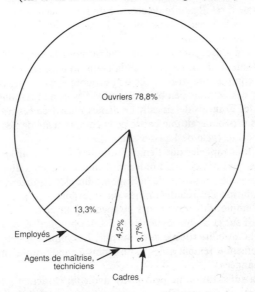

Source: ministère du Travail.

la durée moyenne du chômage des étrangers est identique à celle des Français, 343 jours en 1987.

Depuis 1985, le chômage des immigrés croît moins vite que celui des Français ; il décroît même, passant de 12,4 % en 1983, à 11,05 % en 1987.

Il n'en demeure pas moins que ce dossier explosif accapare les affiches de propagande et devient le thème d'un débat politique : un immigré de parti, c'est un emploi libéré pour un Français ! L'idée ne résiste pas aux arguments économiques quand on compare la carte de France du chômage à celle de l'immigration. Elles sont loin d'être identiques et excluent toute substitution. Les grandes régions du chômage, hormis l'Est, sont les bordures côtières, là où l'immigration est très faible. En revanche, les grandes régions de l'immigration que sont le bassin parisien et le Rhône sont celles où le chômage est également le plus bas.

Il serait illusoire de croire, pour résoudre le chômage, à un remplacement pur et simple des uns par les autres, tout comme il est illustoire de croire à un remplacement des travailleurs âgés par des travailleurs jeunes. Tous les salariés ne sont pas interchangeables.

Nombreuses sont les études, datant pour la plupart d'une décennie, qui ont montré que la main-d'œuvre étrangère est une composante structurelle de l'économie française, occupant des emplois pénibles, non qualifiés et mal rémunérés, que les Français délaissent. Le départ massif de ces travailleurs provoquerait une baisse de la compétitivité de l'économie et un cycle de hausses salariales [34].

Il faut rappeler que l'emploi immigré a été, pour les secteurs qui l'ont utilisé, un des instruments majeurs du développement, en raison de la disponibilité des étrangers et de l'évolution des rémunérations qu'a permise leur présence.

L'emploi des travailleurs étrangers a un effet largement positif sur la compétitivité des structures productives et a permis la mobilité sociale des Français. Les immigrés sont difficilement « remplaçables », du moins à conditions d'emploi inchangées.

La substitution ne peut guère avoir un caractère global, comme en témoigne la persistance du recours à l'emploi de travailleurs immigrés dans certains secteurs (services marchands, confection), voire la poursuite du recours à l'emploi de travailleurs en situation irrégulière.

Et si un processus de substitution doit exister, il n'autorise nullement à conclure à la possibilité d'un remplacement des travailleurs immigrés, mais davantage à leur déplacement vers un domaine d'emploi non couvert par les conventions collectives et à l'extension d'un domaine d'emplois précaires, requérant une main-d'œuvre étrangère ou nationale malléable.

Le contrôle de la mobilité professionnelle des travailleurs immigrés, leur cloisonnement dans des secteurs d'activité particuliers ne répondent pas à un hasard, mais constituent plutôt un trait marquant des logiques patronales de gestion de cette force de travail.

Substituer des Français aux étrangers dans les entreprises : une idée qui séduit beaucoup par sa simplicité. Cependant, toutes les études sur la réalité de l'emploi démentent cette apparente évidence. Celle menée en 1985-1986 [34] sur 50 établissements indique que 36 d'entre eux substituent des Français aux immigrés, ce qui aboutit soit au maintien des immigrés dans les tâches les moins qualifiées, soit à leur régression vers la précarité. L'auteur signale aussi un glissement de la main-d'œuvre immigrée des grandes vers les petites et moyennes entreprises. Les employeurs, semble-t-il, trouvent chez cette main-d'œuvre une forte « motivation ».

De 1982 à 1985, le pourcentage des entreprises employant des étrangers a augmenté de 50,2 % à 53,2 % et, durant la même période, la proportion des étrangers dans les entreprises de plus de dix personnes est passé de 9,2 % à 8,3 %. Y aurait-il une déconcentration des immigrés, c'est-à-dire un processus d'intégration dans l'ensemble du tissu économique ?

3. Clandestins : rumeurs et réalités

Sur 79,8 millions d'entrées d'étrangers (tous motifs confondus), 68 020 refus ont été prononcés par les services de contrôle aux frontières en 1989, et plus de 10 000 étrangers clandestins ont été interpellés, dont plus de la moitié à la frontière italienne.

Le nombre des interpellations, en très forte progression, a doublé entre 1987 et 1989. De 5 754 en 1987, les interpellations par la police de l'air et des frontières sont passées à 7 217 en 1988 et 10 668 en 1989.

La frontière italienne vient largement en tête avec 6 661 interpellations, suivie par la frontière espagnole (1 257), la frontière belge (1 124) et la frontière allemande (731). Les interpellations concernent en priorité les Turcs, les Maghrébins et les Africains. Une proportion importante des étrangers qui pénètrent ou tentent de pénétrer clandestinement en France proviennent des pays limitrophes, membres de la CEE.

L'article L. 341-6 premier alinéa du Code du travail sanctionne tout employeur qui engage ou conserve à son service un étranger démuni d'un titre l'autorisant à travailler en France. Ce délit est sanctionné de deux mois à un an d'emprisonnement ou de 2 000 à 20 000 francs d'amende multipliée par autant d'étrangers en situation irrégulière. La récidive porte la peine d'emprisonnement à deux ans et l'amende à 40 000 francs.

En présentant le 22 juin 1989 son corollaire social de la loi Joxe sur les conditions de séjour et d'entrée des étrangers en France, le ministre du Travail a évoqué l'ampleur prise par les trafics de main-d'œuvre et le travail clandestin évalué en 1987 à 30 milliards de francs au moins. « L'emploi illicite ne se limite plus aux étrangers sans titre de séjour ou à l'exploitation d'ateliers clandestins, on voit se développer les fausses sous-traitances, parfois associées à un marchandage international de main-d'œuvre. Certains employeurs n'hésitent plus à requalifier les contrats de travail des ouvriers qu'ils emploient, français ou étrangers, en contrats de prestations de services. Il est temps de donner un coup d'arrêt à ces nouvelles pratiques de négriers, économiquement et socialement dangereuses. »

Entre 1985 et 1987, les infractions relatives à l'emploi irrégulier de main-d'œuvre étrangère ont augmenté de 40 % (2 152 contre 1 536) [21].

Le bâtiment-travaux publics (BTP), l'agriculture, le textile et les services continuent de jouer un rôle majeur dans le recours à la main-d'œuvre, étrangère ou nationale, illégalement employée. 76 % des infractions relevées concernent l'Ile-de-France et le Sud-Méditerranée.

Largement tolérée durant les années de forte croissance, voire parfois encouragée, l'immigration clandestine est dorénavant unanimement condamnée dans tous les États européens et son contrôle paraît constituer pour chacun, depuis 1974-1975, l'axe essentiel des législations et réglementations nouvelles codifiant l'entrée et le séjour des étrangers non ressortissants de la CEE.

C'est l'existence même de travaux au noir, déclassés, à faible rentabilité économique, qui constitue un facteur d'appel à cette main-d'œuvre clandestine. Dans les années soixante/soixante-dix, l'État français fermait les yeux sur cette offre de travail souterraine venant des entreprises, mais la crise économique a changé, depuis, le décor.

Le travail au noir est une véritable économie en Haute-Corse : il occupe plus de 2 000 personnes. Un rapport publié en 1988 par la direction départementale du Travail et de l'Emploi parle même « d'économie parallèle ». Agriculture, hôtellerie, bâtiment, la sous-déclaration du travail n'épargne aucun secteur de ces activités.

« Plusieurs exploitations agricoles, et non des moindres, échappent en totalité aux obligations sociales et cela depuis de longues années, toute leur activité étant alors quasi clandestine... » L'importance du travail clandestin agricole est révélée à travers quelques chiffres se passant de tout commentaire : en 1985, dans la viticulture, le besoin annuel de main-d'œuvre salariée s'élève à 2 720 000 heures. Or, les heures déclarées à la Mutualité sociale agricole ne dépassent pas 1 073 000 heures : un taux de sous-déclaration de 60 %.

Qu'il soit permanent avec un salaire déclaré sur 120 heures (le reste étant versé clandestinement) ou occasionnel rarement déclaré, le travailleur est rémunéré largement au-dessous du SMIC. Certains exploitants agricoles « ont attesté occuper jusqu'à 45 clandestins », en majorité des équipes marocaines et portugaises passant d'une exploitation à une autre sans titre de travail, vivant dans des conditions inacceptables, et évidemment sans droits sociaux élémentaires.

Les employés de maison

En 1981, l'IRCEM (Institution de retraite des employés de maison) recensait 407 277 employés de maison pour toute la France (97 % de femmes dont plus du tiers sont étrangères). Ce personnel est souvent non déclaré à l'URSSAF. S'il est difficile d'avoir un ordre de grandeur sur l'importance de la non-déclaration des salariés dans ce secteur d'activité, quelques indications peuvent nous renseigner sur ce phénomène. 10,3 % des sans-papiers régularisés en 1981 travaillaient dans les services domestiques, soit plus de 10 000 personnes, dont 60 % n'étaient toujours pas déclarées en totalité avant l'intervention de l'URSSAF. Il n'est donc pas excessif de dire que la moitié au moins des employés de maison continue encore à « travailler au noir ».

Régularisation et politique de chimère

S'il est vrai que la situation du travail clandestin a été un peu épurée grâce à l'opération de régularisation de 130 000 étrangers réalisée durant l'été 1981, depuis de nouvelles filières apparaissent constamment. Rien donc ne semble actuellement pouvoir complètement verrouiller des migrations dues en fait aux crises politiques et économiques traversées par les pays du Sud.

La clandestinité par rapport au travail se forge aussi au sein de la main-d'œuvre française. Dans la banlieue parisienne des jeunes sont exclus du marché du travail depuis plusieurs années à cause d'itinéraires professionnels exclusivement souterrains. Leurs expériences professionnelles dans la clandestinité ne leur permettent pas d'obtenir un travail déclaré. Ils n'ont pas d'accès aux allocations-chômage et ils se confinent de plus en plus dans l'obligation de travailler uniquement au noir, un cercle vicieux qui les enferme progressivement dans une marginalité sociale et économique [30].

Réduire l'immigration clandestine en France avec des moyens libéraux à gauche, plus répressifs à droite, est devenu la pierre de touche de toute politique migratoire. Haro sur le clandestin ! Or, cet axiome ne résiste pas aux arguments avancés par une étude sérieuse sur les migrations clandestines de main-d'œuvre dans le monde qui nous assène quelques vérités [33]. Le premier est statistique : il y a dans le monde entre 6 et 12 millions de migrants clandestins, dont près de la moitié a pris demeure aux États-Unis, et malgré l'entrée en crise des pays occidentaux depuis 1975 et la mise en place fréquente de politiques de restriction, ce nombre ne tend pas à diminuer. Les 4 millions de travailleurs clandestins auraient dû, en période de crise, gonfler d'autant l'effectif des chômeurs américains. Or, les États-Unis, depuis 1982, sont un des rares pays développés où le chômage connaît une réelle baisse. Même constatation en France : l'économie en crise a mis au travail entre 1975 et 1981 près de 500 000 actifs étrangers, dont 150 000 clandestins et 100 000 saisonniers. Or, officiellement, l'immigration est arrêtée précisément depuis 1974 et les clandestins pourchassés avec énergie.

En dépit des discours et des fermetures officielles des frontières, l'immigration clandestine continue. Les dizaines de milliers d'hommes et de femmes qui violent chaque année les limites de l'hexagone ne le font pas seulement à cause de l'existence de la misère dans leur pays d'origine, mais aussi parce que les impératifs d'une économie les font venir. Plusieurs secteurs importants ont systématiquement recours à la main-d'œuvre clandestine et résistent efficacement aux dispositifs répressifs que le gouvernement tente de leur opposer. C'est le cas de l'agriculture qui importe constamment une grande partie de sa main-d'œuvre saisonnière. C'est celui de la confection, du tourisme, de la construction, de la restauration, de l'hôtellerie, des cafés, du commerce de détail, du travail domestique, friand de ces « sans-papiers » si commodes.

L'étude montre aussi que tout secteur employeur de cette

main-d'œuvre vivrait beaucoup plus mal sans clandestins. Loin d'offrir des débouchés aux Français, l'expulsion massive des travailleurs souterrains romprait des équilibres économiques nécessaires. Sans eux, ces secteurs d'activités n'embaucheraient pas de Français, ils se transporteraient au contraire progressivement dans d'autres pays, pour la confection par exemple, supprimant à la fois les emplois occupés par les Français, par les immigrés légaux et par les « sans-papiers ». Pour les auteurs de l'étude, l'immigration clandestine est utile et inévitable. A partir de cette conclusion, ils suggèrent la légalisation de ce phénomène que la société française maintiendra de toute manière.

En Europe comme aux États-Unis, aucune loi n'a suffi à faire disparaître l'immigration clandestine. On oublie souvent que, si celle-ci existe, c'est parce qu'elle traduit la conjonction d'intérêts entre, d'une part, des travailleurs du tiers monde prêts à accepter des conditions de vie précaires et, d'autre part, des entreprises du monde développé dont la rentabilité et l'existence même dépendent de faibles coûts salariaux.

4. Le mythe du retour

Mise en place en mai 1977 et d'abord limitée aux chômeurs, l'aide au retour a été étendue le 1er octobre 1977 à d'autres catégories. Le candidat devait être volontaire, en situation régulière, être âgé de moins de 65 ans, ne pas faire l'objet de mesures pénales et justifier de cinq années d'activité salariée. Il devait quitter la France avec son conjoint et ses enfants mineurs, après avoir restitué ses titres de séjour et de travail en échange d'une allocation de 10 000 francs.

Interrogés par l'IFOP en octobre 1977, 57 % des Français se déclaraient partisans de diminuer le rôle des immigrés dans l'économie. Mais personne n'était prêt à les remplacer sur les chaînes des usines ou au ramassage des poubelles. Sur le principe, patronat et gouvernement étaient d'accord : quand l'emploi diminue, priorité aux nationaux ! Mais dans les faits, chacun dans son coin était bien content de garder les immigrés qu'il avait et, si possible, d'en accueillir d'autres clandestinement.

« Un million de travailleurs immigrés doivent partir d'ici à 1985 », demandait Ambroise Roux, vide-président du CNPF en 1977. « Un million de francs anciens à tous ceux qui veulent partir », proposait Lionel Stoléru, secrétaire d'État chargé des Immigrés. Le million était devenu le chiffre magique pour parler des immigrés. Magique, peut-être, mais pas tellement opérationnel !

Les résultats furent bien maigres : 94 000 départs (bénéficiaires et familles) en quatre ans et 65 % des personnes concernées étaient ibériques (Portugais et Espagnols) [21].

Contrairement à ce qu'espérait Lionel Stoléru, ce ne sont pas les Maghrébins qui ont le plus demandé cette prime. En novembre 1981, le gouvernement socialiste supprima cette inefficace aide au retour.

En 1984, pour répondre aux besoins de restructuration des grandes entreprises industrielles, et notamment celles de l'automobile, un troisième dispositif d'incitation au retour est créé. Son principe repose non pas sur une prime de départ, mais sur une aide à un projet de réinsertion dans le pays d'origine.

En 1988, 30 000 étrangers candidats à la réinsertion ont restitué leurs titres de séjour et de travail. Un nombre de départs total que l'on peut estimer à 69 000 (bénéficiaires + familles).

L'année précédente, 28 046 étrangers ont perçu l'aide à la réinsertion. L'analyse du profil de cette population a permis de dégager certaines caractéristiques. D'abord, une forte représentation (59,4 %) des travailleurs maghrébins. Ensuite, une nette prédominance masculine (94 %). Un important effectif de ces bénéficiaires est employé dans le secteur de la construction automobile (35,15 %) et réside en Ile-de-France (35,52 %). A remarquer aussi la proportion quasi exclusive de travailleurs mariés vivant cependant seuls en France (60,17 %).

Si, dans leur ensemble, les choix d'un projet de réinsertion sont orientés vers la tenue d'un commerce (environ pour la moitié), ou vers l'agriculture (pour plus du quart), les comportements diffèrent néanmoins ostensiblement d'une nationalité à l'autre.

Ainsi les Européens optent-ils plus massivement pour une reconversion ou souvent même un retour dans le secteur agricole (44,08 %) et plus spécifiquement les Yougoslaves (52,6 %) et les Portugais (43,69 %). Les Maliens sont, parmi les Africains, les bénéficiaires les plus attirés vers les activités agricoles (46,63 %). Les Algériens privilégient le commerce alimentaire (48,67 %) et constituent par ailleurs l'essentiel (68,28 %) des bénéficiaire axés sur une activité dans le secteur des transports.

Les États des pays d'origine, dont l'échec complet ou relatif des expériences de développement n'a pas permis de régler la question de l'emploi, font de la question de la réinsertion des émigrés un simple objet de discours, absent des programmes économiques et sociaux. Pas un seul article de presse ou propos de responsables n'évoque cette question. Les pays d'origine ne manifestent pas d'enthousiasme pour la réinsertion de leurs ressortissants. D'abord, ils ont peur qu'on passe d'un retour volontaire à un retour en masse qu'ils n'auraient pas les moyens d'assumer (en matière de logement, d'emploi et de scolarité). Ensuite, un travailleur immigré est, pour eux, un flux permanent de ressources à travers les envois de devises [31].

Le bilan de l'aide à la réinsertion dans les pays d'origine est bien modeste. En atteste déjà le faible nombre des départs. Et il serait vain de penser pouvoir obtenir une croissance du flux des retours. La réinsertion a ses limites : les travailleurs étrangers qui attendaient une opportunité pour regagner leur pays d'origine l'ont déjà largement saisie. De plus, la structure démographique de la population étrangère n'est pas un facteur favorable à des retours massifs : la plus grande partie des étrangers vivent en France depuis longtemps et se sont insérés dans la société par l'implantation de leur famille. Si le retour reste un mythe pour l'immigré, les politiques incitatrices et menées dans ce sens relèvent bien du leurre !

Le faible nombre des retours ne s'explique pas seulement par des raisons tenant à la société française. Ceux qui pourraient être poussés à partir par les difficultés économiques rencontrées en France se heurtent aux difficultés des sociétés d'émigration qui ne leur offrent aucune perspective d'emploi et de réintégration.

L'immigration familiale freine le retour au pays. La famille arrive, le projet de retour faiblit. La présence d'enfants nés et éduqués en France freine aussi le retour. Aux yeux des immigrés, le retour se présente souvent comme une nouvelle épreuve migratoire. Les enfants vivent à nouveau des problèmes d'adaptation, de langage, et de scolarité.

Aujourd'hui, personne ne peut plus croire que le retour des immigrés dans leur pays avec un capital et un savoir-faire constitue un facteur de développement. Les immigrés ne peuvent participer au développement économique de leur pays à cause de leur faible qualification et du type de projet qu'ils choisissent quand ils rentrent.

5. Les transferts de fonds liés à l'immigration

Les transferts de revenus des immigrés sont opérés sous plusieurs formes : salaires, bien matériels importés à l'occasion d'un retour au pays, des liquidités à l'occasion des vacances et des compensations entre compatriotes [35].

Entre 1980 et 1985, les envois d'argent consécutifs aux revenus du travail acquis par les travailleurs migrants ont entraîné la sortie du territoire de 125,4 milliards de francs (rapport SOPEMI 1985).

En 1986, pour la première fois, le montant des transferts au titre des revenus du travail diminue : de 37,1 milliards de francs en 1985, il passe à 35,5 milliards en 1986 et à 34,6 milliards en 1987. Une diminution qui témoigne des difficultés économiques que rencontrent les travailleurs étrangers, mais aussi d'une intégration économique de plus en plus importante dans la société française.

Pour apprécier le volume des transferts d'économie des travailleurs dans l'ensemble des envois d'argent enregistrés dans la balance des paiements de la France, il convient de les comparer par nationalités.

TABLEAU IV. — LES DISPOSITIFS D'AIDE AU RETOUR. TOTAL DES DÉPARTS (BÉNÉFICIAIRES + FAMILLES) AU 31 MAI 1988

Dispositif / Nationalité	Aides au retour 1977-1981 Nombre de départs	%	Accord franco-algérien 1981-1984 Nombre de départs	%	Aides à la réinsertion (à partir de 1984) Nombre de départs	%	TOTAL Nombre de départs	%
Algériens	3 515	3,7	50 000	100	23 361	34,9	76 876	36,5
Marocains	5 723	6,1			7 407	11,1	13 130	6,2
Tunisiens	7 555	8,05			4 429	6,6	11 984	5,7
Sous-total Maghreb	*16 793*	*17,85*			*35 197*	*52,6*	*101 990*	*48,4*
Maliens	2 186	2,3			667	1	2 853	1,3
Mauritaniens	439	0,5			160	0,2	599	0,3
Sénégalais	1 498	1,6			689	1	2 187	1
Autres Africains	2 066	2,2			162	0,2	2 228	1,1
Sous-total Afrique	*6 189*	*6,6*			*1 678*	*2,4*	*7 867*	*3,7*
Espagnols	23 848	25,4			1 234	1,9	25 082	11,9
Portugais	36 661	39			16 155	24,2	52 816	25
Sous-total Ibériques	*60 509*	*64,4*			*17 389*	*26,1*	*77 898*	*36,9*
Turcs	3 506	3,7			9 488	14,2	12 994	6,3
Yougoslaves	6 966	7,4			3 010	4,5	9 976	4,7
Divers	36	0,05			132	0,2	168	0,1
TOTAL	**93 999**	**100**	**50 000**	**100**	**66 894**	**100**	**210 893**	**100**
% des départs par dispositif	**44,6**		**23,7**		**31,7**		**100**	

Source : OMI.

« Ils coûtent cher ! »

Le coût social de l'immigration a resurgi en 1985 dans le débat politique et chacun y va de ses centaines de milliards ! Un déficit de 108 milliards de francs par an selon le calcul tendancieux et erroné de l'extrême droite.

Un premier bilan de la situation a été tenté en juillet 1984 à l'occasion d'une étude effectuée par les élèves de l'ENA. Il révèle que les immigrés perçoivent 8 milliards de plus qu'ils ne cotisent à la Sécurité sociale.

Les comptes officiels ne font pas de différence entre Français et immigrés pour mesurer les rentrées dans les caisses de la Sécurité sociale et les dépenses. Les élèves de l'ENA ont fait leur recherche sur le thème en tenant compte de la proportion de la population immigrée en 1984 dans le régime général salarié.

Dans le domaine de l'assurance maladie, la part des immigrés dans les cotisations totales est plus élevée (7,6 %) que leur part dans les dépenses totales (6,3 %).

En ce qui concerne les prestations familiales, il n'en est plus de même, puisque la part des étrangers atteint 7,9 % pour les cotisations et 14,4 % pour les prestations. La situation a, pendant près de trente ans, été l'inverse et l'évolution constatée tient au fait que, pour la plupart, les familles bénéficiaires sont des familles nombreuses et dans une certaine mesure à bas revenus.

Selon l'étude, les dépenses engendrées par la population immigrée se monteraient à 48 milliards et les cotisations versées par les travailleurs immigrés à 40 milliards. Nous sommes loin des 108 milliards avancés par Jean-Marie Le Pen !

Peu d'études ont été faites sur ce que coûtent les immigrés à la Sécurité sociale, les immigrés ne représentant pas une catégorie particulière pour la protection sociale, comme les malades, les familles ou les personnes âgées. L'étude des élèves de l'ENA a montré que les immigrés versaient plus de cotisations qu'ils ne recevaient de prestations vieillesse et maladie. En revanche, ils recevaient plus d'allocations familiales, d'indemnités de chômage et de prestations pour accidents du travail. Ce qui s'explique par le fait que les immigrés sont plus jeunes, ont plus d'enfants, et travaillent plus souvent dans des branches à risques que les Français.

Faut-il aussi noter que toutes les études entreprises sur la consommation médicale montrent que le revenu et la catégorie socio-professionnelle déterminent bien les types d'accès aux différents soins. Les 10 % les moins rémunérés de la population effectuent 20 % d'actes médicaux en moins que la moyenne. Et le recours aux spécialistes est 60 % plus fréquent que la moyenne chez les cadres supérieurs. On constate, par exemple, que les Maghrébins consultent beaucoup moins souvent un médecin (trois fois dans l'année en moyenne) que les Français (5,3 fois). Cette sous-consommation relative est particulièrement accentuée au-delà de 40 ans chez les hommes. Alors que les Français de cette tranche d'âge accroissent beaucoup leur consommation médicale, il n'en est pas de même pour les immigrés maghrébins.

Ainsi, en 1983, près de 60 % des transferts sont effectués par les travailleurs de la péninsule ibérique (Portugal 43,7 % et Espagne 14,2 %) qui distancent sensiblement celles réalisées par les travailleurs maghrébins (26,6 % dont 24,1 % pour les Marocains). Les transferts officiels émanant des Marocains représentent 90 % du total des économies envoyées pour les trois pays du Maghreb, ceux des Tunisiens ayant diminué de moitié (6,95 % en 1983 contre 15,1 % en 1982) et ceux des Algériens restant très faibles.

La progression en monnaie courante des transferts officiels des revenus du travail à destination du Maghreb entre 1970 et 1981 est spectaculaire : 1,5 milliard de francs en 1970, 10,3 milliards en 1981, notamment depuis la suspension des flux migratoires de main-d'œuvre survenue en 1974 en Europe. Cette augmentation globale est surtout imputable aux transferts réalisés en direction du Maroc et de la Tunisie. La part des revenus algériens dans les transferts globaux n'a pas cessé de régresser, le regroupement familial ayant contribué à les diminuer.

En 1988, les transferts au Maroc des revenus des Marocains travaillant à l'étranger (600 000) ont baissé de plus de 22 % par rapport à l'année précédente, tombant à l'équivalent d'environ 6 milliards de francs contre environ 7 milliards.

Le fonctionnement des circuits parallèles ou occultes est aussi une donnée fondamentale des échanges économiques entre la France et le Maghreb. Selon les statistiques d'Air-Algérie, chaque avion qui se pose en Algérie au moment du retour annuel des migrants débarque en moyenne 800 à 1 000 valises pleines de marchandises. La valeur de ce commerce est estimée par les autorités algériennes à plus de 5 milliards de francs en 1984, dont les véhicules utilitaires ou de tourisme (entre 1981 et 1983 [1], plus de 100 000 voitures seraient ainsi entrées en Algérie, évitant aux acheteurs d'avoir à payer la taxe unique globale à la production).

Il est donc très difficile de procéder à une estimation des

---

1. Selon une étude du Conseil économique et social, *Journal officiel*, 13 décembre 1983.

transferts réels des revenus et biens des migrants, nettement supérieurs aux transferts officiels. Selon Gildas Simon [36], le revenu réellement transféré et perçu au Maghreb par les migrants ou par leurs familles s'établirait entre 15 et 20 milliards de francs par an, ce qui représente une source de financement considérable.

6. Les immigrés, créateurs d'entreprise

En 1986, près de 35 000 artisans étrangers étaient inscrits au répertoire des métiers, soit plus de 4 % du total des artisans. C'est un aspect non négligeable au regard de l'économie, important pour l'intégration des immigrés [29]. De 1962 à 1975, leur nombre (27 000) et leur proportion (2 %) sont à peu près stables dans l'ensemble artisanal. Les deux tiers sont des Italiens et des Espagnols, concentrés dans les activités du bâtiment et dans leurs régions frontalières respectives.

A partir des années soixante-dix, ce nombre est en progression soutenue. Les secteurs les plus porteurs sont constitués par le bâtiment qui réunit autour de 40 % des artisans, et des activités de service comme le nettoyage, la réparation, les soins de la personne. Dans ce contexte de crise, le nombre et surtout la part relative dans la population active des indépendants tendent à croître et l'augmentation sensible du nombre des étrangers observée au début des années quatre-vingt est stimulée surtout par la suppression de la carte d'artisan-commerçant jusqu'alors exigée pour les étrangers.

L'artisan étranger est généralement installé en France depuis longtemps. Plus de quinze ans pour deux tiers des Européens du Sud et un tiers seulement des Maghrébins. Si l'artisanat reste majoritairement une étape dans un long processus d'insertion professionnelle en France, une frange de plus en plus importante y accède plus rapidement que dans les années soixante où la presque totalité était en France depuis plus de dix ans.

Depuis quelques années, le mouvement de création d'entreprises s'est considérablement développé en France.

5,7 millions des Français ont « envie de créer leur entreprise » et 3,1 millions d'entre eux auraient déjà un projet précis.

Les créations et les reprises d'entreprises se situent entre 200 000 et 250 000 par an, et les défaillances autour de 26 000 et 28 000 pour les années 1985 et 1986. Le nombre d'entreprises existantes en France aurait augmenté de 6 % entre 1981 et 1986, en tenant compte des créations et des cessations. Cette tendance semble être confirmée par les résultats de nombreuses enquêtes. Il y aurait, en 1985, environ 2 millions de chefs d'entreprise, soit une augmentation de 4,7 % en cinq ans. Les cadres et les chômeurs sont les deux catégories qui ont connu les plus forts accroissements d'installation à leur compte pendant cette période. Ces statistiques ne donnent cependant aucun renseignement sur la nationalité des chefs d'entreprise.

Parmi les immigrés pour qui l'emploi salarié fut longtemps la seule issue obligée, on observe un important accroissement, de l'ordre de la moitié en cinq ans. Le taux plus élevé du chômage touchant cette population explique en partie ce goût d'indépendance, qu'on retrouve aussi dans les 250 000 entreprises créées ou reprises annuellement par des Français.

Les entreprises du monde de l'immigration font souvent appel à un financement fondé sur l'épargne personnelle, familiale et communautaire.

Si les jeunes créent des entreprises florissantes de nettoyage, de pressing-laverie, de réparation automobile ou de restauration employant plusieurs salariés, ceux de la génération d'avant se contentent encore du petit commerce familial ou d'une unité artisanale visant à l'auto-emploi. C'est « l'Arabe du coin » et son magasin d'alimentation ou encore le maçon portugais travaillant à son compte.

La progression des artisans, commerçants et entrepreneurs étrangers se confirme et se poursuit de façon presque spectaculaire (82 036 en 1987 contre 55 902 en 1983, soit 5,4 % et 3,6 % de la population active étrangère) [32].

L'insertion des immigrés dans le monde des affaires en France n'est pas un phénomène nouveau. Les premières installations dans le petit commerce et l'artisanat remontent au début du siècle. Cette pratique relevait d'une démarche particulière à certains groupes ethniques au sein de l'immigration : Soussis, Djerbiens, ou Ghoumrassis, par exemple, dans la communauté maghrébine, sont réputés pour leurs fortes dispositions à commercer, dispositions souvent héritées du pays d'origine où ils conservent toujours une influence non négligeable dans le domaine des affaires.

« Chinatown »

En 1974, on comptait en France 3 829 Cambodgiens, 1 096 Laotiens, 11 803 Vietnamiens, et 3 703 Chinois. Dix ans plus tard, leur nombre s'est accru de 113 000 réfugiés ayant quitté la péninsule indochinoise à la suite des bouleversements politiques que la région a connus durant l'année 1975.

Ainsi, des dizaines de milliers d'Asiatiques ont rejoint ceux qui les avaient devancés dans le treizième arrondissement de Paris. Entre les portes de Choisy et d'Ivry, s'est constitué ce que l'on a appelé « Chinatown ».

Les phénomènes migratoires créent, dans toutes les grandes villes, des concentrations ethniques. A New York comme à Londres, Amsterdam ou Paris, des communautés étrangères marquent un territoire social avec ses propres infrastructures (magasin, lieux de culte, presse...). Comme toute enclave ethnique qui permet et favorise le ressourcement culturel et identitaire d'une minorité, celle du treizième est perçue par la société d'accueil comme un espace inconnu, source pour l'imaginaire de fantasmes et de mystères. « Chinatown » est devenue un sujet de curiosité et un lieu de découverte exotique.

Cet arrondissement parisien a connu en quelques années un accroissement rapide de la population étrangère : 2 % en 1954, 7,7 % en 1968 et, depuis 1975, ce taux n'a cessé de progresser. En 1988, près de 30 000 personnes d'origine asiatique résident dans le treizième arrondissement, soit 20 % de la population totale.

Les Asiatiques sont donc loin d'accaparer tout le quartier. Leur concentration se situe dans un triangle délimité par le boulevard Masséna, l'avenue d'Ivry et l'avenue de Choisy. Nombre d'entre eux résident dans les tours, dont quatre sont occupées à plus de 50 % et trois autres à 30 % par des Asiatiques, ceux-ci pouvant y habiter à dix ou même à quinze dans un quatre-pièces. Ailleurs, cette présence est faible [41].

Mais les Asiatiques animent une infrastructure économique importante et variée. Commerces traditionnels, restaurants, bazars, salons de coiffure, pressings, salles de jeux, clubs vidéo, ateliers de confection, magasins d'appareils électriques, cabinets d'assurances, banques... Le treizième est devenu le cœur de la communauté chinoise et un pôle d'attraction pour les Asiatiques venant de la banlieue ou de la province.

Quelle que soit leur nationalité sur le plan juridique, la majorité des Asiatiques du treizième sont des Chinois. Originaires, pour la plupart, des minorités chinoises installées à la fin du XIXᵉ siècle ou au début du XXᵉ dans l'Asie du Sud-Est, beaucoup étaient commerçants ou artisans.

Les commerces et les entreprises qui ont fait surgir « Chinatown » dans le treizième arrondissement ont été mis sur pied en grande partie grâce à la « tontine », sorte de crédit mutuel privé permettant un autofinancement pour réaliser des affaires échappant aux circuits économiques et bancaires du pays d'accueil. Ce système de prêt privé collectif permet à un certain nombre de Chinois de trouver les fonds nécessaires à l'ouverture d'un commerce avec une mise de fonds personnelle réduite. Il fonctionne sur des bases étrangères au réseau bancaire habituel : la confiance naturelle et la garantie que constitue, en cas de trahison de l'un des éléments du système, l'exclusion totale et définitive de la communauté, sanction terrible et sans appel [42].

La plus grande partie du commerce détenu par des Chinois est gérée d'une manière très pragmatique. Tout se passe dans une auto-organisation fermée sur elle-même. Dans ce système économique et social incontrôlable, la difficulté pour l'administration du pays d'accueil est de battre en brèche certaines pratiques qu'on pourrait qualifier de « féodales ». Il n'est pas rare de rencontrer un serveur de restaurant rémunéré à la moitié du SMIC, ou une femme travaillant pour un atelier de confection installé au rez-de-chaussée d'une tour, qui avoue gagner moins de 2 000 francs par mois !

Si l'implantation d'un commerce asiatique a, en dix ans, changé la physionomie du quartier, il ne faut pas en exagérer le degré de fermeture sur soi. En plus des commerces ethniques s'adressant exclusivement aux communautés asiatiques, il existe aussi des commerces exotiques ouverts à un plus large public.

Les commerces français du quartier tenus par des Asiatiques proposent des produits qui sont majoritairement ceux que l'on trouve dans toutes les boutiques du même type, de même genre que les épiceries tenues par des Maghrébins dans beaucoup de quartiers parisiens ou de communes de banlieue.

Le quartier chinois ne peut plus s'étendre. C'est vrai que les Chinois ont acheté presque toutes les boutiques, mais ils ne peuvent, en revanche, acquérir les immeubles qui sont, soit des HLM, soit des ensembles d'appartements privés. Aussi les plus riches d'entre eux achètent-ils ailleurs. Et l'on voit se développer d'autres quartiers peuplés d'Asiatiques, dans le dix-neuvième arrondissement parisien ou à Marne-la-Vallée.

V / Insertion ou intégration

1. Habitat et modes de vie

L'habitat est, parmi d'autres facteurs, le signe d'un certain marquage social, et ce n'est pas par hasard si, ces dernières années, sur la perception de la pauvreté, le logement apparaît comme le signe le plus révélateur de cette situation de précarité, et même la vitrine des énormes inégalités sociales.

Le logement nous en dit long sur certaines situations d'insertion ou d'exclusion par rapport à la société d'accueil, et dissimule dans la réalité une multiplicité de cas que les caractéristiques de la population immigrée au profil démographique particulier expliquent. 22 % des étrangers vivent en célibataires et la taille des familles est, en moyenne, plus grande que celle des familles françaises.

L'accès à la propriété

En 1982, 21 % des ménages étrangers étaient propriétaires de leur logement. Mais ce chiffre global masque des écarts considérables [10]. Ainsi, les Italiens sont propriétaires dans la proportion de 47 %, chiffre tout à fait voisin de celui des Français (52 %), mais les Algériens dans la proportion de 8,5 % seulement, et les Marocains de 5,5 %. Ces écarts s'expliquent par l'ancienneté de l'immigration d'origine latine et la décision prise explicitement de rester ou non en France, qui détermine la part du revenu consacrée par les ménages au logement... Peut-être y a-t-il aussi, plus concrètement, des processus d'accès plus difficiles à la propriété pour les Maghrébins [44].

L'accès au parc social

Là encore, les contrastes sont frappants : 14 % seulement des ménages italiens étaient locataires dans le parc social en 1982, mais 34,3 % des ménages algériens et 38 % des ménages marocains. Il y a eu dans ce domaine une évolution assez marquante : en 1982, la proportion de ménages étrangers logés dans le parc social était de 23,6 % (15 % en 1975 et 5,9 % en 1968).

Dans les années soixante, c'est sur la base des meublés, garnis, îlots insalubres occupés par la main-d'œuvre étrangère que des familles immigrées sont venues occuper les fractions les plus délabrées du parc immobilier ancien des centres-villes. Cette implantation s'est progressivement réduite à la fin des années soixante au fur et à mesure de l'entrée de ces familles dans le parc social. Les opérations de rénovation et de résorption des îlots insalubres dans les centres-villes, la libération partielle du parc HLM par les ménages accédant à la propriété et l'instauration à partir de 1977 de l'aide personnalisée au logement (APL) sont, parmi d'autres, les facteurs ayant aidé à ce changement.

On observe ainsi, avec l'installation de l'immigration familiale, un déplacement des immigrés vers le logement social de banlieue. Pour obtenir un logement plus confortable ou parce qu'ils ne trouvent rien d'autre, les immigrés habitent les cités dégradées de la périphérie des grandes villes.

La présence étrangère dans le logement social a beaucoup augmenté, passant de 5,9 % en 1968 à 15 % en 1975, puis à 23,6 % en 1982. Mais à catégorie sociale égale, les immigré accèdent moins au logement social que les Français et dans le cas des grandes villes, plus on s'éloigne vers la périphérie, plus les étrangers sont nombreux dans le logement social. Les immigrés accèdent au logement social dégradé, à celui que délaissent les Français qui le peuvent. Une étude conclut au renforcement de cette ségrégation [38].

De 1975 à 1982, le nombre des étrangers logés en meublés est plus important que le nombre de ceux habitant dans le parc neuf. Le taux de logement des étrangers en garni reste élevé en région parisienne : 9,4 % du total des logements.

La location dans le privé

Trois ménages immigrés sur quatre logent dans le parc locatif privé, le plus souvent dans l'habitat ancien, et un ménage sur quatre vit dans un logement social. Cela dément l'idée erronée que les HLM sont envahies par les immigrés !

Le taux de surpeuplement des logements des étrangers est nettement supérieur à celui des ménages français : 14 % des ménages français connaissent une situation de surpeuplement modéré ou accentué, contre 42,8 % des ménages étrangers.

Le confort intérieur, quant à lui, laisse quelquefois à désirer. En 1982, 25,7 % des ménages portugais et 32,6 % des ménages algériens ne disposaient pas d'installations sanitaires. Dans le fichier des mal-logés de l'Ile-de-France, on compte plus de 25 % d'étrangers et 40 % parmi les mal-logés prioritaires.

Ces différentes données attestent que, globalement, les conditions de logement des immigrés accusent un retard certain par rapport à celles des Français. Les différences de situation entre Français et étrangers sont beaucoup plus nettes dans le domaine de l'habitat que dans celui des revenus. (En 1982, on recensait dans les tranches inférieures à 45 000 francs, 28 % des étrangers et 25 % des Français, et respectivement 32 % et 25 % dans les tranches comprises entre 45 000 et 60 000 francs.)

La situation constatée en 1982 s'est améliorée par rapport à celle des années précédentes. Par ailleurs, si l'on peut considérer que les étrangers propriétaires de leur habitat et les locataires d'HLM sont correctement logés, on peut en revanche s'interroger sur la diversité du confort et des équipements du parc locatif privé, hôtels meublés et logements fournis par les employeurs. Ces derniers, représentant plus de la moitié des logements occupés par les immigrés, ne répondent pas toujours à des conditions de vie décentes.

Foyers et ségrégation

Une part importante des immigrés isolés vivant en célibataires (140 000) résident dans le parc social des foyers, dont la moitié des lits est gérée par une société d'économie mixte, la SONACOTRA.

Ces formes traditionnelles de logement des isolés sont de plus en plus contestées. A partir de 1974, des grèves des loyers se déclenchent dans ces foyers, dénonçant le caractère autoritaire des règlements intérieurs, l'exiguïté des chambres et le manque de confort. Ces mouvements de révolte à répétition dans les foyers démontrent une fois de plus que les formules de logement spécifiques sont désormais dépassées.

Jacques Barrou constate que beaucoup de foyers SONACOTRA ont vu leur occupation se transformer : « La population française y est devenue plus importante, quoique ne dépassant pas les 20 %. Mais surtout, on trouve dans ces foyers de moins en moins de travailleurs actifs. Les retraités, les chômeurs, pensionnés, voient leur proportion augmenter régulièrement tandis qu'à l'autre bout de la chaîne on trouve de plus en plus de couples et même de familles qui, ne pouvant se loger ni en HLM ni dans le locatif privé, se rabattent sur cette forme d'habitat qui a été conçue pour un tout autre usage [38]. »

Il est vrai que l'occupation actuelle de ces foyers nous renvoie le reflet des insuffisances du parc de logements français.

Le FAS consacre au logement des immigrés près de la moitié de son budget annuel (1,3 milliard de francs). Le gouvernement ne considère plus « naturel » que cet organisme public concentre l'essentiel de ses efforts sur les foyers et non sur le logement des familles. En Ile-de-France, par exemple, 46 % des habitants des foyers y résident depuis plus de cinq ans, et 5 % d'entre eux sont des retraités. A l'occasion du trentième anniversaire du FAS, le 10 février 1989, Michel Rocard a rappelé qu'il fallait que tous les foyers puissent être des lieux de vie et qu'ils ne le soient que de façon transitoire :

« Il faut que ceux qui sont sur notre territoire depuis suffi-samment longtemps puissent normalement accéder à un loge-ment, c'est-à-dire en définitive à une vie personnelle normale sans laquelle le mot d'intégration n'est qu'un songe creux. »

Que l'on examine le mode d'habitat, le niveau de confort ou le surpeuplement, les conditions de logement de la popu-lation immigrée se sont sensiblement améliorées. La propor-tion d'étrangers vivant dans l'habitat de fortune a fortement régressé (5,2 % en 1968 à 1,1 % en 1975 et 0,4 % en 1982). Au cours de la dernière décennie, les grands bidonvilles tels que celui de Nanterre occupé par des Algériens, celui de Champigny par des Portugais, celui de la Digue des Fran-çais à Nice par des Tunisiens, ont disparu. Des îlots insalu-bres ont été rasés tels que la Butte des Carmes à Marseille ou le quartier de la Tarentaise à Saint-Étienne.

Dans le même temps, les immigrés entrent massivement dans le parc locatif social et leur présence a contribué à déprécier les HLM aux yeux de beaucoup de locataires fran-çais. Un dixième de ces logements sociaux est occupé par des familles étrangères.

C'est d'ailleurs au niveau de l'habitat collectif que se posent de la manière la plus aiguë les problèmes de cohabi-tation entre familles d'origines différentes, accentués par le retentissement idéologique qu'a pris le débat sur l'immigra-tion dans les années quatre-vingt. Les familles françaises sont d'autant plus sensibles à ce climat général d'hostilité anti-immigrés qu'elles sont elles-mêmes démunies économique-ment et culturellement, et qu'elles cherchent, en guise de compensation psychologique, à désigner un groupe qu'elles pourront estimer encore plus bas qu'elles dans l'échelle sociale. Une concurrence au niveau de l'emploi et des pres-tations sociales avise encore cette hostilité.

L'homme de la rue, influencé souvent par les médias et par une certaine xénophobie latente, considère qu'un seuil ne devrait pas être dépassé dans le taux de présence des étran-gers dans la région, le département, dans la ville, dans le quartier et jusque dans l'immeuble où il vit lui-même. Quel-ques gestionnaires d'organismes d'habitat se sont laissés gagner à cette idée, surtout lorsqu'ils ont trouvé dans l'environnement politique national ou local une consolidation de cette position.

Les promoteurs de la notion de « seuil de tolérance » prétendent que les difficultés entre autochtones et immigrés apparaissent lorsque la proportion d'immigrés dépasse un certain pourcentage de la population totale d'un secteur. Nul n'en a jamais démontré la validité. Et malgré de nombreuses critiques opposées à cette notion qui en ont rendu l'utilisation explicite moins assurée, cela ne l'empêche nullement d'inspirer nombre de décisions officielles ou officieuses motivant ainsi les solutions de « quotas » et de dispersion des immigrés dans l'habitat.

Les familles immigrées sont soit condamnées à rester dans la partie la plus dégradée du parc social, soit refoulées vers le parc privé dont une partie à loyers bon marché jouait jusqu'à présent une fonction sociale. De ce secteur en pleine mutation, beaucoup de propriétaires cherchent à augmenter les loyers et à se débarrasser de leurs locataires africains, turcs ou maghrébins. Des familles se retrouvent à la rue, parfois même après un incendie criminel.

A l'automne 1986, quatre incendies, dont trois criminels, éclatent dans le vingtième arrondissement de Paris, causant la mort de 19 personnes dont 8 enfants. Les victimes sont africaines, marocaines et vietnamiennes. Toujours le même scénario, dans un immeuble vétuste ou un meublé surpeuplé, destiné à la rénovation !

En juin 1990, l'abbé Pierre reprend son bâton de pèlerin en faveur des sans-abri, suite à de nombreuses expulsions de familles étrangères. « Demain, les grandes villes seront peut-être belles mais maudites par les ghettos qui les entourent. »

Malgré les efforts constatés en matière d'habitat et des initiatives nombreuses, notamment de la commission du développement social des quartiers durant la décennie quatre-vingt, les immigrés restent dans l'ensemble plus mal logés que les Français. Les jeunes issus de l'immigration rencontrent des difficultés pour se loger au moment où ils décident de quitter le foyer familial. S'ajoute à ce constat la répartition très inégale des immigrés au sein des grandes agglomérations qui produit des ghettos.

Ces dernières années, l'affectation des crédits n'a pas suivi l'évolution de l'immigration dans laquelle la part des isolés s'est réduite au regard des familles. Le dispositif d'aide au logement mis en place en 1975 par le gouvernement a écarté les immigrés de procédures de droit commun d'accès au logement. Ce n'est pas par hasard si le plus grand nombre des immigrés habite dans le parc privé ancien.

A l'éclairage de quelques rapports alarmistes dont certains restent encore confidentiels, les pouvoirs publics semblent redéfinir les axes prioritaires du logement social. Une étude réalisée en 1989 conjointement par des inspecteurs des Affaires sociales et de l'Équipement révèle le danger de la constitution de quartiers d'immigrés dans certaines villes.

« Des suroccupations à très grands risques se développent dans certains foyers ou hôtels meublés. Faute de mesures appropriées, on ne peut exclure que se constituent en France des concentrations de minorités ethniques mal logées, mal intégrées, comparables à celles qui prévalent dans les grandes villes américaines. » L'enquête reproche à l'État sa politique menée dans ce domaine depuis une vingtaine d'années : 6 bidonvilles dans le Var, 15 « quartiers sensibles » dans le Nord et le département de la Seine-Saint-Denis, qui a connu de 1987 à 1988 une augmentation de 48 % des demandes de regroupement familial, dont un tiers sont restées irrecevables pour cause de logement inadéquat. La plupart émanaient pourtant de personnes qui vivent en France depuis plus de dix ans !

Passée aussi au crible, la mauvaise gestion des organismes gestionnaires de foyers : 140 000 lits censés servir à l'accueil temporaire, mais les immigrés y vieillissent en ghetto. 12 % de retraités y logent dans les Bouches-du-Rhône, 40 % y sont depuis plus de cinq ans dans les Alpes-Maritimes. Dans un foyer de Thiais (Val-de-Marne), 70 % ont essuyé un refus définitif de relogement. Résultat : de 30 à 100 % de surpopulation. Pas étonnant si l'on en arrive à ce constat : par rapport à la population française, les immigrés occupent sept fois plus souvent des logements précaires, six fois plus des logements surpeuplés et deux fois plus des logements inconfortables.

2. L'école et l'apprentissage de l'autre

Plus d'un million d'enfants de migrants (1 065 460 exactement au cours de l'année 1988-1989) sont scolarisés, 8,7 % du total, un effectif qui continue à décroître depuis 1985. La population étrangère étant principalement localisée dans les villes et dans certaines régions (Ile-de-France, Rhône-Alpes, Provence-Côte d'Azur), le pourcentage d'enfants immigrés dans les écoles peut être cependant assez élevé (de 13,9 % à 26,8 % dans le primaire en région parisienne).

Premier lieu de cohabitation, l'école, qui accueille la quasi-totalité de ces jeunes treize à quatorze années de suite, soit une durée double par rapport à celle d'avant les années soixante-dix, joue un rôle essentiel dans le processus d'intégration.

Les handicaps pour ces enfants sont cumulatifs : difficultés pour les parents étrangers à suivre leurs enfants et à se reconnaître comme partenaires de l'école au même titre que les parents français, niveau socio-économique bas (63,5 % de familles ouvrières contre 29,4 % parmi les Français). Les jeunes immigrés se retrouvent donc deux fois plus nombreux que les « Français de souche » dans les classes de rattrapage dans le primaire et trois fois plus nombreux dans le secondaire.

Ces enfants, dit-on, seraient voués à l'échec scolaire et compromettraient, de plus, la réussite de leurs camarades français ! C'est du moins l'une des idées reçues dont se nourrit la xénophobie actuelle. Pourtant la réalité est beaucoup plus complexe, surtout dans un pays où la réussite scolaire dépend massivement de l'origine sociale et où la valeur de telle ou telle école donne lieu à une estimation en fonction de son public. La visibilité des enfants d'immigrés, de leurs parents au seuil des écoles, fait que le pourcentage d'immigrés devient l'indice le plus répandu pour juger du niveau ou de la performance d'une école.

Des études solides depuis quelques années sont venues corriger cette vision « misérabiliste » consistant à répandre la fatalité de l'échec de ces enfants. Ces études comparatives portant sur des enfants d'ouvriers français et étrangers concluent que les seconds sont légèrement moins en échec que les premiers [51].

Quand il s'agit d'apprécier la scolarité des enfants étrangers, on invoque presque exclusivement la « distance culturelle » et les « problèmes de langage », sans jamais faire allusion au fait que la majorité d'entre eux sont issus des classes les plus défavorisées (36,5 % des enfants français étaient fils d'ouvriers en 1974, contre 70,2 % des enfants étrangers). Donc, si les enfants étrangers sont en échec scolaire, cela tient surtout à leur qualité de fils d'ouvriers et non pas à celle d'étrangers.

Mais comment accepter de dire que c'est un fort taux d'enfants d'ouvriers dans une école qui fait « baisser le niveau » ? Le racisme est tellement plus « rassurant » et plus commode...

Dans les pays européens où existent plusieurs filières scolaires, les enfants d'immigrés sont proportionnellement plus nombreux dans celles qui dispensent une formation courte, moins « noble ». Écartés des classes prestigieuses et relégués dans celles qui ne requièrent qu'un niveau minimal, la majorité de ces enfants étrangers rencontrent des difficultés d'accès à une formation professionnelle. Ils se trouvent ainsi, dès le départ, mal placés sur le marché du travail. Dans une société au besoin de plus en plus fort de main-d'œuvre qualifiée et de bases solides de formation, « il ne semble pas exagéré de dire, constate un rapport de l'OCDE [1], que des jeunes étrangers qui sortent de l'école sans posséder ces bases se trouvent au début de leur vie professionnelle dans une situation plus médiocre que celle vécue par la première génération lors de son arrivée ».

En 1985, le professeur Jacques Berque, chargé d'une réflexion sur « l'immigration dans l'école de la République » [49], préconisait d'introduire des éléments des cultures des élèves étrangers dans les jeux, les chants et les contes et d'instituer, dès l'école élémentaire, trois heures hebdomadaires d'apprentissage des langues et cultures d'origine pour tout le monde.

---

1. *Les Enfants de migrants à l'école*, 1987.

« La culture à laquelle nous avons à former tous les élèves doit désormais s'enrichir de l'apport des cultures autres, dont les enfants des migrants sont les vecteurs. » C'est la phrase clé d'un rapport remis au ministre de l'Éducation nationale et rangé, depuis, parmi tant d'autres dans les archives.

« Moi, j'aurais pas aimé qu'on m'impose d'apprendre le créole sous prétexte que j'étais antillais, répliquait Harlem Désir, le président de SOS-Racisme. Les ghettos de la différence ne serviront qu'à perpétuer des ségrégations. Première priorité : l'apprentissage du français. Pour un immigré, sa culture, ce n'est pas seulement sa culture d'origine. »

Certains avis se sont croisés ces dernières années et visent une modification des fondements de l'école afin qu'elle prenne en compte la diversité culturelle des élèves. Dans ce débat, s'affrontent deux thèses antagonistes : la première dénonce l'inadaptation de l'école aux spécificités des enfants qu'elle accueille et préconise des mesures particulières à leur intention. La seconde attribue à leur présence toutes les difficultés que rencontre l'école en tant qu'institution.

Dans ce face-à-face entre les militants du « droit à la différence » et ceux qui insistent sur l'intégration par l'école, Lionel Jospin, ministre de l'Éducation nationale, comme ses prédécesseurs, a choisi. « Je suis pour que notre système éducatif continue de jouer son rôle intégrateur, pour qu'il assure à tous l'égalité des chances[2]. »

Jusqu'à présent l'enseignement aux enfants étrangers et l'interculturel dans l'école continuent à alimenter un débat. Plus de 160 textes officiels lui ont été consacrés entre 1968 et 1988 et il ne cesse de naviguer entre des objectifs flous et contradictoires. On n'a pas osé trancher entre « l'intégration » et la « différence ». « On ne peut être différent que si on a les mêmes droits », dit Serge Boulot [51]. Et l'accent mis au départ sur la différence et le droit à la différence peut se révéler dangereux comme la création d'enseignements spécifiques qui pourraient accentuer la marginalisation des enfants d'immigrés.

2. *Le Monde*, 25 avril 1989.

L'enseignement des « langues et cultures d'origine » par des enseignants étrangers dans les écoles même vise à favoriser « un meilleur équilibre affectif et psychologique, indispensable à la réussite scolaire », disent les textes officiels. Cet enseignement ne touche que 20 % des élèves concernés, avec des écarts importants selon les langues, moins de 15 % des Maghrébins mais 30 % des Portugais. Le discours en faveur des langues et cultures d'origine est d'ailleurs actuellement nuancé, certains y voyant « le cours pour immigrés », d'autres « un lieu de prosélytisme politique et religieux ».

La plupart des pays européens, en collaboration avec les pays d'émigration, ont mis en place cet enseignement de langues et cultures d'origine, notamment à l'école élémentaire. Il ne faut pas se dissimuler que cet enseignement pose de nombreux problèmes et tel qu'il est dispensé, il est loin de faire l'unanimité, tant auprès des parents qu'auprès des enfants, plus encore auprès des enseignants. La majorité des cours de langues et de cultures d'origine s'adresse à des élèves de 6 à 12 ans.

Faut-il que l'école publique assure ou favorise l'enseignement de ces langues au sein de l'enseignement général ? Dans quel cadre horaire et avec quel public ?

Des justifications fort différentes sont évoquées pour répondre positivement : la première est celle de la préparation au retour. Ce retour mythique ! La seconde est d'ordre identitaire ! Si cette langue est bien celle de l'enfant, pourquoi la lui enseigner ? Si elle ne l'est plus, pourquoi le faire également ? Et ne doit-on pas évoluer vers l'intégration de ces langues (arabe et portugais) au même titre que l'italien ou l'espagnol peuvent y prétendre dans le cadre général de la politique des langues à l'école, problème commun à tous les élèves, quelle que soit leur origine ?

3. La génération visible

Le recensement de 1982 dénombre 1 511 044 jeunes de nationalité étrangère de moins de 25 ans, dont 958 092 ont moins de 15 ans et 552 952 entre 15 et 25 ans. Si l'on ajoute

TABLEAU V. — ÉVOLUTION DES EFFECTIFS D'ÉLÈVES DE NATIONALITÉ ÉTRANGÈRE ET DE LEUR POIDS DANS LES PREMIER ET SECOND DEGRÉS
(France métropolitaine — public + privé)

	Premier degré y compris Éduc. spéciale		Second degré		SES - GCA - EREA		Total 1er et 2nd degrés y compris Éduc. spéciale	
	Effectifs	Ef. étrang. / Ef. global %	Effectifs	Ef. étrang. / Ef. global %	Effectifs	Ef. étrang. / Ef. global %	Effectifs	Ef. étrang. / Ef. global %
1975-1976	562 994	7,7	243 000 (privé estimé)	5,0	11 584	12,2	817 578	6,6
1980-1981	655 776	9,2	288 103	5,7	19 314	15,7	963 193	7,9
1981-1982	666 551	9,5	299 284	5,9	20 011	16,0	985 846	8,1
1982-1983	689 136	10,0	315 758	6,1	20 434	16,3	1 025 328	8,4
1983-1984	706 269	10,4	334 852	6,4	21 142	16,7	1 062 263	8,7
1984-1985	710 336	10,6	350 066	6,6	21 571	16,7	1 081 973	8,9
1985-1986	697 213	10,4	361 681	6,7	21 858	17,0	1 080 752	8,9
1986-1987	694 691	10,4	368 456	6,9	22 195	17,3	1 085 342	8,9
1987-1988	679 682	10,2	374 218	7,0	22 644	17,7	1 076 544	8,8
1988-1989	665 665	10,0	377 522	7,0	22 273	17,6	1 065 460	8,7

Source : ministère de l'Éducation nationale.

Le regroupement familial

Les immigrés qui résident en France peuvent être rejoints par leur famille, à certaines conditions. Les dispositions réglementaires régissant l'immigration familiale n'ont cessé d'osciller, jusqu'à la période récente, entre un souci démographique qui tend à la favoriser et des préoccupations plus conjoncturelles d'ordre économique qui ont pour conséquence la mise en place, dès la fin des années soixante-dix, de mesures administratives tendant à la freiner. Cette volonté de contrôler et de réduire l'immigration familiale se concrétise en 1977 avec la décision gouvernementale de limiter pour les membres des familles les possibilités d'accès au marché du travail régulier.

L'exigence d'un logement « adapté », une des conditions pour l'immigré voulant être rejoint par sa famille, a été interprétée souvent de façon restrictive par l'administration. Le décret du 4 décembre 1984 a modifié la procédure du regroupement familial. La famille doit rester au pays d'origine pendant la durée de la procédure et seuls le conjoint du demandeur et ses enfants de moins de 18 ans (ou moins de 21 ans dans quelques cas) peuvent bénéficier de ce regroupement soumis à des règles strictes.

Pour que soit prise en compte la demande faite par l'intéressé au commissaire de la République de son département, trois conditions préalables sont nécessaires. Le travailleur doit justifier d'une année de présence en France, prouver que ses ressources sont stables et suffisantes, et qu'il dispose d'un logement en mesure d'accueillir sa famille. Ce logement doit être conforme aux conditions « tenues pour normales pour une famille de même composition dans la même région », c'est-à-dire disposer de certains équipements de base (eau potable, chauffage...), et d'une surface minimale (52 m² pour 5 personnes, 79 m² pour 8 personnes). La pratique de telles règles, auxquelles les familles françaises ne sont évidemment pas soumises, revient à restreindre le regroupement familial.

La décentralisation du pouvoir exécutif a accru les pouvoirs des maires. Ceux-ci, depuis peu, ont compétence pour attester ou certifier qu'un immigrant désirant faire venir sa famille a obtenu un logement conforme aux normes fixées. Ainsi l'introduction de membres de la famille est-elle soumise à la délivrance par le maire de cette attestation de logement.

Dans un certain nombre de cas, les situations politiques locales ont apparemment eu une influence sur l'établissement de ces attestations et ont entraîné des divergences d'interprétation quant aux conditions fixées pour le logement. Les difficultés rencontrées par certains résidents étrangers qui voulaient trouver un logement conforme aux exigences posées, pour bénéficier de la procédure du regroupement familial, constituent sans doute une des raisons pour lesquelles l'introduction des familles s'est faite en dehors des procédures instituées. Toutefois, la réglementation de 1984, tout en reconnaissant le regroupement familial comme un droit, vise à faire cesser l'établissement de membres de la famille opéré en dehors des procédures légales, en suspendant la possibilité de régularisation sur place. Elle a aggravé de fait les restrictions. Ces dernières années, 40 000 membres de familles se sont établis annuellement en France.

Les statistiques annuelles de l'OMI sur les regroupements familiaux autorisés montrent une régularité de flux relativement indépendante de l'état de la réglementation. Cela souligne la tendance lourde du phénomène qui s'accompagne d'une modification du poids des différentes nationalités, consécutive aux variations par nationalité des vagues de migrations de travail.

Cette évolution est confirmée par les résultats des recensements de 1968, 1975 et 1982, qui montrent un renforcement de la dimension familale de l'immigration qui entraîne une diminution de la part des actifs dans la population étrangère (50,4 % en 1962, 42,8 % en 1982).

les jeunes Français dont l'un des parents au moins est étranger, le nombre des jeunes d'origine étrangère atteint 1,7 million pour les moins de 25 ans, et 720 000 pour ceux qui ont entre 16 et 25 ans. La moitié d'entre eux est d'origine algérienne ou portugaise.

Ni le critère de nationalité ni le critère ethnique ne sont pertinents à eux seuls pour désigner cette jeunesse. Il peut s'agir tout aussi bien de jeunes étrangers récemment arrivés en France dans le cadre du regroupement familial que de jeunes Français qui, nés en France, n'ont jamais vécu dans le pays d'origine de la famille.

Plus de 52 % d'entre eux sont nés en France, une proportion qui atteint 70 % pour les jeunes de 0 à 14 ans.

A ces chiffres, il convient d'ajouter les jeunes devenus français par acquisition, par naturalisation, par réintégration, les jeunes issus de couples mixtes..., ce qui porte à environ 2 millions le nombre de jeunes issus de l'immigration.

La majorité de ces jeunes s'insère naturellement dans la société française après avoir trouvé un emploi compatible avec une scolarité souvent réduite. Une part de cette jeunesse connaît des difficultés d'insertion sociale et professionnelle, génératrices souvent d'une certaine marginalisation.

S'il convient de relativiser l'échec scolaire chez les jeunes issus de l'immigration et de considérer que les problèmes d'emploi sont dûs en partie à l'inadaptation de la formation, il n'en demeure pas moins que le taux de chômage de ces jeunes reste élevé, du même ordre de grandeur que celui des jeunes chômeurs français [50].

Ces jeunes se sont affirmés ces dernières années comme une fraction de la jeunesse française, et la visibilité de cette génération avec ses revendications propres a suscité de nombreux travaux. Les mouvements sociaux et culturels de cette génération indiquent que son action s'inscrit dans des dynamiques collectives.

Ces jeunes apparaissent de plus en plus comme des acteurs de l'espace urbain et politique français. Nous sommes loin des années soixante-dix et de ses thématiques traditionnelles, celles de l'exclusion, de la marginalisation ou de la déviance, loin aussi de la problématique de l'identité et de ses questionnements.

Aux termes de « jeunes immigrés », ou « enfants d'étrangers », a été substitué le vocable « seconde génération » emprunté à la terminologie nord-américaine. Cette appellation porteuse d'une distinction générationnelle a au moins le mérite de tenir compte de ce qui différencie ces jeunes de leurs parents dans leurs rapports avec la société française.

On les a baptisés aussi « les Beurs ». Le terme provient du mot « arabe » que les jeunes de la région parisienne ont inversé deux fois en « verlan » (parlé à l'envers) (Arabe = Rebeu = Beur). Le mot a séduit les médias qui l'ont depuis largement diffusé comme terme d'identification des jeunes Maghrébins. Dès 1980, le mot fait même son entrée dans le dictionnaire *Robert*.

Ces jeunes des banlieues découvrent que leurs différences ne sont pas la marque d'une infériorité, mais qu'elles peuvent être vécues comme un facteur positif, source de dynamisme et d'enrichissement. D'où leur quête de participation conjuguée d'une volonté de s'insérer dans le tissu national de la société française. Le 3 décembre 1983, 100 000 personnes étaient à Paris pour accueillir quelques jeunes partis le 15 octobre de Marseille dans une marche pour l'égalité, presque dans l'indifférence au début, l'anonymat, l'incertitude, et le doute quant aux chances de succès d'une telle entreprise. 1 200 km n'étaient pas de trop pour stigmatiser le racisme ambiant et exorciser l'engrenage de la haine et de la violence. Et la France était au rendez-vous de cette partie de sa jeunesse. Un an après, des petits groupes ont traversé la France en vélomoteurs. « Convergence 84 » était l'expérience rééditée de la marche des jeunes des « Minguettes », et son succès ne fut que relatif.

« Enfants d'immigrés », « seconde génération », « Beurs », « génération suivante »... il n'y a pas un terme meilleur qu'un autre pour désigner ces jeunes. Pourquoi faudrait-il sans arrêt renvoyer ces enfants à leur origine ? Leur statut et leur vécu ne se rapportent-ils pas plus à une classe sociale qu'à une origine culturelle, religieuse ou ethnique ? Combien faut-il de générations pour être accepté comme français ?

Ces jeunes appartiennent à la même classe sociale que leurs

camarades des classes françaises défavorisées et leurs cultures sont souvent liées par leur lieu de vie : la banlieue.

« Ils sont d'abord, on l'oublie un peu trop souvent, des jeunes de France : ils y sont nés ou ils y ont grandi avec des jeunes Français qui partagent très souvent avec eux les mêmes conditions de vie, les mêmes désespoirs et parfois les mêmes rêves. » Pour Adil Jazouli [52], ce n'est pas un hasard si cette génération utilise différentes modalités pour passer de l'inaction à l'action collective, de la « galère » à une contestation sociale, culturelle et politique.

L'immigration maghrébine a échappé à la reproduction du modèle ouvrier. La plupart des jeunes issus de cette immigration ne sont pas devenus ouvriers comme leurs parents.

Les aspects de l'immigration ont beaucoup changé. Nous sommes heureusement bien loin des années soixante-dix, de l'image de l'immigré de passage, isolé, exclu et rejeté par la société d'accueil. Faudrait-il du courage pour reconnaître que la majorité des étrangers en France et leurs enfants sont en phase d'intégration ?

« Ils sont beaucoup plus dedans que dehors », pour emprunter une expression au sociologue Alain Touraine. « Dedans » une société française qui a perdu de son essence nationale d'autrefois et tente de s'identifier à l'universel. « Qui aujourd'hui pourrait encore croire que nos ancêtres étaient des Gaulois ? »

Si le racisme s'est épanoui ces dernières années, c'est parce que les immigrés et leurs enfants ne se faisaient plus tout petits dans leur coin. Leur diversité, étant devenue visible, appartient à notre réalité.

Les jeunes issus de l'immigration sont moins préoccupés par un pèlerinage dans le pays de leurs parents et encore moins un retour-déracinement dans une société lointaine, que par leur avenir et leur insertion. De mouvement en mouvement et avec leurs camarades français, ils participent au réveil d'une France étonnée par les nouvelles idées d'une « génération morale ».

De « SOS-Racisme » à « Plus jamais ça », les enfants de la crise ont retenu de leurs aînés soixante-huitards quelques valeurs d'égalité et de liberté. Ils ont fait la part entre les discours idéologiques des années soixante-dix, avec leurs concepts théoriques, et une réalité sociale qui s'impose. Cette nouvelle mise en scène de la jeunesse vise plus à nous apprendre autant sur les inquiétudes du monde adulte à propos de ses propres valeurs que sur les comportements et les modes de vie des jeunes. Nous sommes loin de ce que l'on a appelé les conflits de générations et la rupture entre les âges, mais au milieu d'un pont, un pont entre les générations.

La création et le succès en 1984 du mouvement « SOS-Racisme » constituent un événement important dans l'histoire déjà longue de la lutte contre le racisme en France et même en Europe.

Cinq ans après sa création, « SOS-Racisme » subit les effets de l'âge. Le mouvement perd du terrain auprès des « potes ». Il est concurrencé par une autre organisation, « France Plus », constituée de Beurs et d'enfants de harkis et dont le cheval de bataille est l'engagement civique des jeunes d'origine maghrébine.

Le mouvement de Harlem Désir, qui a démarré fort sur un cri du cœur (« Touche pas à mon pote ! ») n'a pas su mettre en place une vraie structure ni une dynamique susceptible d'attirer durablement les jeunes. Excepté évidemment son concert annuel. Après avoir beaucoup parlé de racisme, le mouvement semble se donner comme leitmotiv l'intégration en cherchant sa propre originalité et autonomie par rapport au Parti socialiste. Le gouvernement est devenu la principale cible des militants de « SOS ». « Il faut arrêter de parler de l'intégration, il faut la faire », lance Harlem Désir.

L'action antiraciste en appelle ainsi à ce qui peut unir les Français et les étrangers [46]. L'insertion, l'intégration… — peu importe le mot s'il est surtout chargé d'égalité — sont revenues en vedette.

La vie des cités doit être reconstruite contre le développement des ghettos et contre le vide social. La conviction antiraciste affichée se révèle de plus en plus comme une énergie d'un mouvement qui en appelle à la formation d'autres liens sociaux pour vaincre l'exclusion et les inégalités.

« Seuil de tolérance »

Existe-t-il un « seuil de tolérance » aux étrangers ? Vieille polémique. De nombreux scientifiques récusent cette expression, et pour cause ! Elle ne s'appuie sur aucun fait objectif. Il n'existe pas de pourcentage au-delà duquel les problèmes de cohabitation apparaîtraient. Ceux qui parlent de « seuil de tolérance » reviennent toujours à dire qu'il est « dépassé ».

Les Français sont, dans leur grande majorité, selon un sondage effectué par BVA pour *Paris-Match* en décembre 1989 auprès de 926 personnes, 68 % à estimer que ce seuil est atteint.

Mais c'est à l'égard des clandestins que s'exprime clairement ce sentiment de rejet. C'est d'ailleurs en évoquant le problème des clandestins que le président François Mitterrand a parlé de « seuil de tolérance » le 10 décembre 1989. « Les immigrés ne sont pas plus nombreux qu'en 1982 et, proportionnellement à la population qui s'est accrue, pas plus nombreux qu'en 1975. Le seuil de tolérance a été atteint dès les années soixante-dix, puisque le nombre n'a pas augmenté. »

Par la suite, le président a été amené à regretter l'utilisation de cette expression sulfureuse.

« DIRIEZ-VOUS QU'EN FRANCE AUJOURD'HUI, IL Y A BEAUCOUP TROP, PLUTÔT TROP OU PAS DE TROP DE... »

En pourcentage	Beaucoup trop	Plutôt trop	Pas trop	Ne se prononce pas	Total
Noirs	16	30	47	7	100
Asiatiques	13	27	52	8	100
Arabes	41	35	19	5	100
Musulmans	37	34	21	8	100
Européens des pays méditer-ranéens (Portugal, Espagne)	9	25	59	7	100
Juifs	8	16	61	15	100

Source : enquête réalisée du 12 au 15 février 1990 auprès de 1 013 personnes ; sondage CSA, commandé par le service d'information du Premier ministre.

4. L'intégration au féminin

Ces quinze dernières années, l'immigration a pris un autre visage dont les traits se féminisent. Le regroupement familial a provoqué une mutation irréversible dans la composition de la population étrangère. Les travailleurs isolés ou célibataires sont devenus minoritaires, les femmes et les jeunes sont plus nombreux.

Lentement, à l'image de la mère prolifique, recluse dans un univers familial, dépendante du mari, se substitue une autre femme dans l'immigration, revendicatrice, participant à la vie collective de son quartier et créatrice de projets. Loin de constituer un groupe social homogène, ces femmes diffèrent selon le pays d'origine tant par leur condition familiale que par leurs comportements socio-économiques et leurs projets personnels.

L'image est révolue du travailleur célibataire qui venait passer quelques années à Paris, Lyon ou Marseille, pour amasser un petit pécule et retourner au pays. Ce sont désormais des familles entières qui vivent en France et y resteront définitivement. De 1962 à 1982, la proportion des femmes est passée de 30 à 46 % dans la communauté portugaise, et elle a plus que doublé chez les Algériens et les Marocains, passant de 16 % à 38,5 %.

La femme transplantée dans le monde de l'immigration, coupée de ses racines, se raccroche à la tradition. Au sein de la famille, elle essaie de faire vivre l'identité religieuse spécifique au groupe. Gardienne vigilante de sa culture communautaire, elle sait aussi l'assouplir et l'adapter à celle de la terre d'accueil. Son rôle social et culturel dans le maintien et la cohésion du groupe n'est pas à négliger. Il varie d'une femme à une autre, et de l'une à l'autre il peut être de nature opposée.

Ces femmes, brusquement, se sont retrouvées confrontées à un mode de vie différent, auquel elles ont dû s'adapter. En même temps que les valeurs familiales et culturelles qu'elles portent, elles ont transmis à leurs filles l'autonomie qu'elles ont acquise. Ce vécu dans l'immigration les a forcément menées à réfléchir sur leur rôle, et les institutions comme le mariage, l'enfermement, l'interdiction de travailler ou la scolarité des filles [54].

Pour les jeunes filles de l'immigration, l'école demeure la seule échappatoire offrant l'occasion d'inverser le rapport de forces traditionnel au sein de la famille. D'ailleurs, tous ceux qui se sont penchés sur la scolarité dans le milieu immigré soulignent le pourcentage élevé de réussite des filles par rapport aux garçons. L'école, pour elles, est non seulement une bouée de sauvetage, mais aussi un espace, même relatif, de liberté.

« Les filles, du fait même qu'elles subissent un contrôle social accru de la part de la famille, investissent dès leur enfance toute leur énergie dans le travail et la réussite scolaires. Les témoignages d'instituteurs ou de professeurs du secondaire sont nombreux où les jeunes filles d'origine maghrébine figurent souvent parmi les premiers de la classe, où elles se font remarquer par leur sérieux et leur soif d'apprendre et d'obtenir des diplômes qualifiants [53]. »

Les filles savent presque intuitivement que dans leur réussite scolaire réside la clé qui peut leur ouvrir les portes de la promotion et de l'émancipation sociale et économique.

Nombreuses sont celles qui occupent la scène publique, et plus sûrement encore la scène de la vie locale depuis plusieurs années. Leur émergence coïncide avec celle des premiers mouvements collectifs des jeunes issus de l'immigration. Elles ont dû batailler pour imposer leur existence et l'égalité des sexes dans la direction des actions revendicatives.

Les jeunes Maghrébines ne s'en sortent souvent qu'au prix d'un difficile combat, fait de ruses et de pleurs. Elles finissent par forcer l'admiration de leurs mères qui, au fond d'elles-mêmes, comprennent en partie cette libération.

Ces femmes issues de l'immigration s'intègrent dans la société française sans renier leurs racines et on parlera d'elles de plus en plus.

Médecin, universitaire, avocate, styliste..., elles réussissent même mieux que leurs frères. Et nombre d'entre elles épousent un Français, au risque de la douleur d'une rupture familiale. Si les statistiques ne peuvent nous renseigner sur ce phénomène, dans la mesure où beaucoup ont la nationalité française (il en est d'ailleurs qui cohabitent sans avoir officialisé leur union), l'évolution des mariages mixtes laisse penser que cette situation devient de plus en plus fréquente. Pour les Algériennes par exemple : elles étaient 600 à s'être mariées avec des Français en 1975. Dix ans plus tard, en 1985, le chiffre s'élève à 977, et à 1 091 en 1986, alors que pour les hommes algériens, il continue à tourner autour de 1 400, sans réellement varier. Donc, une nouvelle mixité nuptiale se développe grâce à cette population féminine.

Le désir d'émancipation existe chez ces femmes. Célèbres ou anonymes, elles portent un espoir d'exister par elles-mêmes, dont la réalisation est tributaire tant du degré de dépendance vis-à-vis de leur mari, de leur état d'isolement et de leur réseau relationnel que des possibilités et des chances d'insertion qu'offre la société d'accueil.

5. Une nouvelle citoyenneté

La question des droits politiques des immigrés fait l'objet de prises de position diverses et parfois contradictoires au sein de la classe politique française.

Les partisans du droit de vote font valoir qu'il n'est pas normal que les immigrés qui paient des impôts soient empêchés de se prononcer sur l'utilisation de ces fonds et que l'accès aux urnes permettrait aux étrangers de mieux s'intégrer à la société française.

S'ajoute aussi le fait que la citoyenneté et la nationalité n'ont été confondues que depuis le XIXᵉ siècle dans l'histoire de France. Ce binôme le sera de moins en moins à l'horizon de l'Europe de 1993. D'ailleurs, les étrangers sont électeurs et éligibles dans plusieurs pays de la CEE : Irlande (depuis 1974), Danemark (1981) et Pays-Bas (1983), tandis que le Royaume-Uni accorde ce droit aux citoyens du Commonwealth et d'Irlande.

En France, quelques communes (comme Mons-en-Barœul et Amiens) comptent des délégués étrangers, élus par leurs compatriotes, qui siègent au conseil municipal sans droit de vote.

« Le statut de l'étranger, fondé sur le principe de l'exclusion des droits politiques, n'est plus adapté à cette présence immigrée d'un type nouveau, d'autant plus que la forte aspiration de certains à ces modalités de participation à la vie publique ne s'accompagne pas nécessairement d'une propension à la naturalisation éventuelle. A travers la question des droits politiques, c'est une certaine définition des immigrés et de l'immigration qui est en cause », écrit Catherine Withol de Wenden [47]. Pourtant, l'opinion n'est pas prête à accepter la participation des étrangers installés en France aux élections locales. En 1984, les deux tiers des Français (74 %) y seraient opposés et une majorité absolue y est même franchement hostile. Cet avis très tranché est accentué par la grande sensibilité de l'opinion à ce sujet, puisque 5 % des personnes interrogées seulement se déclarent sans avis. On peut considérer que la mise en œuvre d'un tel projet n'est donc pas pour demain. Son promoteur le plus influent, le président de la République en personne, a d'ailleurs laissé entendre qu'il n'irait pas contre le sentiment de l'opinion.

Selon un sondage SOFRES, 32 % des Français étaient favorables en 1988 à la participation des résidents étrangers aux scrutins municipaux, les « non » recueillant 60 %. L'idée semble donc faire son chemin. En 1984, on ne recensait que 21 % d'opinions favorables (et 74 % d'oppositions). En quatre ans, la progression des « oui » est sensible. Elle concerne essentiellement les étrangers originaires de la CEE auxquels de nombreux Français seraient sans doute prêts à accorder un droit de vote local.

En juin 1988, la commission de la CEE a demandé aux gouvernements membres d'accorder le droit de vote aux ressortissants des Douze pour les élections municipales.

Même si l'opération envisagée ne concerne pas tous les immigrés, il s'agit dans l'esprit de Bruxelles d'effectuer une première percée sur un sujet particulièrement sensible. Le 15 mars 1989, le Parlement européen a adopté une résolution allant dans le même sens.

Il n'en reste pas moins que les pays du Maghreb, par exemple, voient d'un mauvais œil la participation de leurs ressortissants à la vie civique et politique des pays d'accueil. A Tunis, Alger et Rabat, on ne cache pas un certain agacement. Récemment, le roi Hassan II a renouvelé son opposition à l'octroi par la France ou un autre pays d'Europe du droit de vote aux immigrés :

« Le vote est attaché à la terre où l'on est né, il n'est pas attaché au pays où l'on ne fait que passer. Le droit de vote est un droit sacré de participation à la souveraineté d'une communauté », déclarait-il au Club de la presse d'Europe 1, le 24 février 1984, « il ne faut pas le désacraliser, ce serait une manière d'accroître le déracinement qui constitue le vrai malheur des immigrés. En tout cas, je ne peux pas l'admettre pour les Marocains. »

Depuis 1985, les jeunes issus de l'immigration sont de plus en plus incités à participer à l'inscription sur les listes électorales, avec l'idée d'un passage au politique. Aux dernières élections municipales, « France Plus » a présenté 572 candidats « beurs » sur des listes de gauche comme de droite, et plus de 400 furent élus, même à des postes d'adjoint au maire. Cette démarche, sentie par certains comme le poids d'un lobby communautaire, n'a pas recueilli le consentement de tous. Des négociations se sont déroulées avec des partis et on a même reproché à certains leaders politiques l'opportunité de prendre « un Beur de service » sur leur liste pour leur bonne image de marque !

Si l'on assiste en effet, au niveau des populations issues de l'immigration, à un renversement des modes d'accès au politique, l'initiative de « France Plus » va à l'encontre des principes de la philosophie politique dominante en France : celui de l'irrecevabilité d'un accès au politique par le biais d'une mobilisation communautaire. C'est un risque que l'on redoute quand s'exprime un vote collectif de type communautaire, au lieu du vote de chaque étranger en tant que tel.

Des binationaux

La double nationalité résulte de situations mettant l'individu en position de posséder deux nationalités : ce peut être une double attribution ou une acquisition sans perte simultanée de la nationalité d'origine.

S'interrogeant sur son rôle, nombre d'États s'en méfient et cherchent encore à s'en prévenir, soit par leur loi interne, soit par la voie conventionnelle.

La France, comme d'autres pays d'Europe, compte un nombre croissant de binationaux. Il s'agit soit d'étrangers naturalisés qui ont conservé leur nationalité d'origine, soit d'enfants d'étrangers qui acquièrent automatiquement la nationalité française. Pour ne pas obliger ces binationaux à faire un service militaire dans chacun de leurs deux pays, la France a conclu une convention avec le Conseil de l'Europe, ainsi que des arrangements ou des conventions bilatérales avec une quinzaine de pays, dont l'Algérie en octobre 1983.

Est-il acceptable qu'un jeune Français choisisse de faire son service militaire dans l'armée algérienne ? Cette question fut posée de manière brutale, au cœur des débats sur la réforme du Code de la nationalité.

3 000 jeunes Franco-Algériens en âge d'effectuer leur service militaire chaque année choisissent de le faire en Algérie (26 %). Les autres, plus de 70 % des 50 000 binationaux dans ce cas, optent pour le service national français.

Les chiffres montrent tout de même que l'option pour l'Algérie n'a cessé d'augmenter, passant de 13,3 % en 1984 à 26,3 % pour l'année 1987. Les autorités militaires françaises s'attendent à une stabilisation de ce chiffre, voire à une diminution dans les années suivantes. Cela n'empêche pas la grande activité déployée par les consulats algériens pour attirer de jeunes conscrits en Algérie. Tous les moyens sont bons, cela va jusqu'à les dispenser de service militaire par la suite.

« Pour nous, ils sont algériens, compte tenu de notre Code fondé sur le *jus sanguinis*. Pour la législation française qui considère le *jus soli*, ils sont français. Mais l'important est que ces jeunes ne se sentent pas marginalisés des deux côtés de la Méditerranée. » Ali Ammar, ancien président de la puissante Amicale des Algériens en Europe, a découvert lui aussi le phénomène « beur ». Ignorés durant des années, ces jeunes, tout à coup, intéressent les États des pays d'origine de leurs parents. « Au plan légal, je considère que ce sont des Algériens », déclare-t-il à l'hebdomadaire *Le Point* (28 février 1987) : « Mais mon souci est que ces jeunes soient bien dans leur peau en France comme en Algérie. Ils ont le droit de rentrer, et nous avons le devoir de les accueillir. Ils peuvent être un élément stimulateur et dynamisant pour l'Algérie. » Une fois de plus, le mythe du retour...

Comment les immigrés voient les Français

« A contre-courant avec eux-mêmes, la nature et le cosmos » pour les Africains, « déchirés » pour les Asiatiques, « coincés » pour les Arabes, telles sont les premières opinions des immigrés sur les Français. En une dizaine de questions, trois thèmes ont été abordés lors d'un sondage publié par *Actuel* (janvier 1985) sur la vie quotidienne, le jugement des étrangers sur les Français et, enfin, leur volonté d'intégration dans la société d'accueil.

Pour les Maghrébins, les Français sont honnêtes, sans plus, et assez racistes. Cela explique sans doute qu'un Maghrébin sur trois ne reviendrait pas en France si c'était à refaire, que quatre sur cinq ne désirent pas la nationalité française, et qu'un sur deux ne veut absolument pas d'un Français pour gendre. Côté positif : les Maghrébins sont satisfaits de l'enseignement et de la cuisine, et 52 % d'entre eux trouvent les Français beaux, mais pas très généreux. Pourtant, 76 % des Maghrébins ont des amis français, contre 60 % pour les Africains et 54 % pour les Asiatiques.

Ce sont les Africains qui trouvent les Français le plus racistes et se sentent le moins en sécurité (41 %). En revanche, ils les trouvent honnêtes et sont eux aussi enthousiastes pour leur cuisine. Mais, ils sont stupéfaits de certaines attitudes françaises, par exemple le rejet affiché des personnes âgées.

Les Asiatiques trouvent les Français « presque parfaits » (polis, élégants), et trois sur quatre veulent acquérir la nationalité française (74 % contre 41 % pour les Noirs et 16 % pour les Maghrébins). 93 % sont favorables au mariage mixte ou, en tout cas, n'y sont pas hostiles (contre 69 % des Africains et 51 % des Maghrébins).

Pour toutes communautés confondues, deux chiffres retiennent l'attention : 30 % des immigrés qualifient les Français de racistes, 49 % d'entre eux répondent qu'ils ne le sont pas. 66 % des étrangers n'éprouvent que fort rarement un sentiment d'insécurité (les Français l'ont davantage) et, pour 60 %, ils ne craignent pas d'être chassés de France. Étonnement final : 38 % des immigrés pensent... qu'il y a trop d'immigrés, presque autant que les Français (46 %) !

VI / L'immigration a-t-elle un avenir ?

1. Le treizième État de la CEE

La date du 31 décembre 1992, fixée par l'Acte unique européen pour la formation d'un « grand marché intérieur » supplante « l'an 2000 » comme échéance mythique. Et jusque chez les migrants elle suscite une inquiétude. Comment peut-il en être autrement quand on sait la portée considérable d'un tel événement qui nécessite des modifications importantes dans les domaines économique, juridique, voire politique ! Des barrières physiques, techniques, des cloisonnements seront éliminés. D'autres normes, formalités et harmonisations verront le jour.

Dans l'Europe des Douze composée de 322 millions de citoyens, on a tendance quelquefois à oublier le « treizième État » : 13 millions d'étrangers venus avec leurs familles pour tenter une chance de vie sur le vieux continent.

La vieille Europe, angoissée par le vide de ses berceaux, a longtemps considéré les travailleurs étrangers comme des visiteurs temporaires. Les discours agitant aujourd'hui la menace d'« invasion du Sud » oublient qu'au siècle dernier pas moins de 60 millions d'Européens ont pris eux-mêmes leur valise pour de nouveaux continents.

C'est au moment où le phénomène migratoire baisse d'intensité que les Européens ont tendance à le dramatiser. Il est vrai que les problèmes liés à cette question, loin d'avoir disparu, ont simplement changé de nature.

L'« eldorado européen » a fermé ses frontières aux étrangers depuis les années 1973-1974. Il n'y a donc plus actuellement d'immigration importante de main-d'œuvre. Des pays comme l'Italie, l'Espagne ou la Grèce, anciennement pourvoyeurs d'hommes, sont devenus d'importants pays d'immigration, de plus en plus soucieux de contrôler leurs frontières.

De la France en passant par les Pays-Bas et la RFA, la plupart des entrées encore autorisées le sont au titre du regroupement familial et du droit d'asile pour les persécutés.

L'examen des réalités migratoires européennes permet d'observer que les populations issues de l'immigration se stabilisent de plus en plus. Elles ont tendance à s'installer avec toutefois le souci d'affirmer leur identité collective. En même temps, se manifeste parmi elles une volonté de participation à la vie locale, avec aspiration à l'égalité de traitement pour l'emploi, la formation et le logement.

Depuis 1984, la psychose et la rumeur voient les « clandestins » partout, déguisés en « faux touristes », parcourant les méandres des fleuves frontières ou arpentant les sentiers de montagne. Cette peur est devenue un thème politique majeur des partis conservateurs européens et la lutte contre ces « clandestins » est la seule grande convergence des politiques migratoires menées par les gouvernements d'Europe. Le reste concerne des mesures pour intégrer ces communautés étrangères ou les inciter à partir.

La préoccupation première de chaque pays est aussi d'assurer selon son histoire, ses lois, l'insertion d'une population étrangère de plus en plus enracinée, et qui a fondé des familles.

Dans l'Europe de 1993, une part importante des migrations d'aujourd'hui deviendra rétrospectivement « interne », à savoir celles des pays du Sud (Italie, Espagne, Portugal, Grèce). Pour les autres communautés, le risque est grand de continuer à résider avec des statuts variés.

Si, pour l'instant, chaque État règle sous sa seule autorité sa politique de circulation des populations, de contrôle d'étrangers et de nationalité, l'intégration européenne impose un changement en cette matière et oblige les États entre eux à un minimum d'harmonisation au prix d'un éventuel abandon partiel de souveraineté.

Ce ne sera pas simple, vu les différences entre les conceptions nationales d'intégration des populations non communautaires : séjour, mode d'accès à la nationalité, droits civiques et vote aux élections locales. L'Acte unique reste muet sur toutes ces disparités.

Imaginons, par exemple, le cas de deux familles algériennes, la première installée depuis vingt-cinq ans en Bavière, l'autre sur les bords du Rhône. Si les enfants nés dans l'hexagone sont automatiquement français, leurs cousins d'Allemagne demeurent toute leur vie algériens. Et pourtant, tous sont de fait citoyens européens !

Chaque pays a bien délimité à sa façon les frontières entre le statut national et celui d'étranger, ainsi que les conditions de passage de l'un à l'autre. En une décennie, 50 000 étrangers en RFA ont acquis la nationalité allemande, et c'est le

TABLEAU VI. — ESTIMATION DES EFFECTIFS ÉTRANGERS
RÉSIDANT DANS LA COMMUNAUTÉ
ET PART DES COMMUNAUTAIRES SUR L'ENSEMBLE
1985-1987

Pays		Population étrangère	% sur la population globale	Ressortissants des pays communautaires	Part des communautaires (en %)
Allemagne fédérale	(1987)	4 630 000	7,6	1 380 000	29,8
Belgique	(1987)	898 000	9,0	518 000	57,7
Danemark	(1985)	108 000	2,3	25 000	23,1
Espagne	(1987)	335 000	0,6	195 000	58,2
France	(1985)	3 680 000	6,8	1 578 000	42,9
Grèce	(1985)	87 000	0,8	27 000	31,0
Irlande	(1985)	88 000	2,5	67 000	76,1
Italie	(1987)	541 000	0,9	150 000	27,7
Luxembourg	(1985)	96 000	26,3	92 700	96,6
Pays-Bas	(1985)	559 000	3,9	173 000	30,9
Portugal	(1985)	80 000	0,7	21 000	26,3
Royaume-Uni	(1985)	1 700 000	3,8	729 000	42,9
Total		12 802 000		4 955 700	38,7

Source : SOPEMI.

même nombre d'étrangers qui acquièrent la nationalité française tous les six mois !

L'application d'un droit communautaire, diversifiant les statuts juridiques, pourrait aggraver l'inégalité entre les immigrés communautaires et les autres. L'Europe à plusieurs « couleurs » deviendrait alors une Europe à plusieurs niveaux, les différences ethniques et culturelles venant se superposer aux inégalités sociales, économiques et politiques.

Les accords de Schengen

La Belgique, la France, le Luxembourg, les Pays-Bas et la RFA ont signé le 19 juin 1990 à Schengen, au Luxembourg, la convention complétant l'accord signé dans la même ville en juin 1985. Cet accord ouvre la voie à la libre circulation des personnes dans la Communauté. Il a fallu cinq ans et des discussions assez vives entre les États pour que l'accord de Schengen dépasse le stade de la déclaration d'intention.

Au 1er janvier 1993, la suppression des contrôles aux frontières communes devient une réalité européenne, et les cinq États signataires de cet accord attendent que les autres pays des Douze les rejoignent. Il n'en demeure pas moins que cet accord marque le début d'une « Europe sans frontières ».

Cette convention, composée de 142 articles, prévoit les dispositions à prendre pour renforcer les contrôles aux frontières extérieures, harmoniser progressivement certaines politiques comme celle concernant l'octroi des visas, et organiser la coopération entre les systèmes judiciaires, les services administratifs et les polices. Il est notamment prévu que les cinq polices disposeront du droit de poursuivre une personne, dans des cas délimités, sur le territoire de ses partenaires.

La convention de Schengen ne concerne que la circulation des personnes et non leur installation. Elle stipule notamment que les ressortissants des pays tiers, présents sur un des territoires, devront obligatoirement déclarer lorsqu'ils se rendront dans l'un des quatre autres pays.

En matière de droit d'asile, les signataires ont affirmé leur engagement à coopérer avec le Haut Commissariat pour les

Les demandeurs d'asile et les réfugiés

Les demandeurs d'asile sont souvent assimilés à des immigrés, ou encore nommés « faux réfugiés » ou « réfugiés économiques ». La dégradation de la situation économique de certains pays du Sud laisse présupposer que des personnes espèrent trouver en France de meilleures conditions de vie. Le statut de demandeur d'asile serait aussi, selon certains, un moyen d'échapper à l'application des règles limitant l'immigration de travail en France. Pourtant, les chiffres ne cautionnent pas ces analyses : les Maghrébins, les Africains francophones ne sont qu'une douzaine par an parmi les demandeurs d'asile. Aucun Portugais, ou Espagnol, réserve faite de quelques Basques.

De 1985 à 1987, le nombre de réfugiés statutaires dans le monde est passé de 13 à 14 millions de personnes. Dans le même temps, l'Europe accueille approximativement 5 % des réfugiés et, en pourcentage de population, cela représente seulement 0,31 % pour la France. Confusion sur la réalité des chiffres : en France, si les demandeurs du droit d'asile augmentent, les bénéficiaires du statut de réfugié diminuent. De 1987 à 1988, le flux des demandeurs d'asile a progressé de près d'un quart (27 568 à 34 253). Les demandes de l'Afrique, de l'Asie sont loin devant celles de l'Europe et de l'Amérique. En 1988, les Turcs représentent 19,7 % des demandes d'asile déposées à l'OFPRA (Office français de protection des réfugiés), suivis des Zaïrois (12,4 %), des Maliens (7,9 %), des Angolais (5,5 %). Les demandes émanant du Sud-Est asiatique sont en diminution (13 %).

Les demandes « spontanées », c'est-à-dire des ressortissants qui se présentent soit à la frontière, soit directement à l'OFPRA, représentent en 1988 70 % (24 490 demandes). Celles avec visas sont en progression constante, sauf en 1988 (30 % en 1983, 34,8 % en 1984, 56,8 % en 1985, 61,2 % en 1986, 67,5 % en 1987, 65,6 % en 1988). Elles varient d'un continent à l'autre (89,5 % pour l'Afrique et 66,9 % pour l'Asie).

Contrairement à la France, certains pays d'Europe refusent les demandes « spontanées ». Les Pays-Bas appliquent la règle « du premier asile ». Ce serait une explication possible de la baisse du nombre des demandeurs d'asile, de 13 460 en 1987 à 7 500 en 1988, selon le rapport du groupe de réflexion interdépartemental publié en Suisse. Baisse également en Belgique (de 6 000 à 5 078), en Grande-Bretagne (de 4 200 à 1 195). En revanche, augmentation des demandes en Grèce de 1986 à 1987 (de 4 300 à 7 000), en Italie (de 6 500 à 10 900), en Suisse (de 8 600 à 10 900), en Suède (de 14 600 à 18 500). Ce serait la Somalie, le Soudan, l'Afghanistan qui abriteraient le plus de réfugiés.

Selon la circulaire du 17 mai 1985 (*JO* du 23 mai), la reconnaissance du statut de réfugié repose sur un double système : une décision administrative prise par l'OFPRA, puis, en cas de refus, une décision juridique par la commission de recours. Des lacunes subsistent et des améliorations de fonctionnement de ces instances doivent encore être apportées.

Le renforcement des effectifs de l'OFPRA et les méthodes affinées n'ont pas permis de résoudre toutes les difficultés : la longueur des délais d'examen de dossiers, l'inadaptation de la procédure suivie, en particulier la demande détaillée et les problèmes de langue, la non-information des services de l'Office sur la situation politique de certains pays. L'absence d'adresse officielle de la commission de recours ne permet pas non plus la consultation des dossiers et les productions à la partie adverse avant l'audience. L'engorgement du contentieux est encore d'actualité et le personnel insuffisant.

Sur dix demandeurs d'asile recalés par l'administration, neuf d'entre eux déposent un recours. Il est toujours possible d'engager d'autres procédures en fournissant de nouvelles preuves comme victimes de persécution.

Le dépôt d'une demande d'asile permet l'obtention d'un titre de séjour et une autorisation de travail pendant toute la durée de la procédure. Le statut de réfugié donne droit en France à une carte de résidence valable dix ans et renouvelable qui permet de travailler ou de s'inscrire au chômage. Le réfugié reçoit aussi un passeport valable deux ans, ne lui permettant pas l'accès dans son pays d'origine. Il n'en reste pas moins que la situation financière et la protection médicale des réfugiés restent encore à améliorer.

Réfugiés (HCR), inquiet sur une éventuelle harmonisation des politiques d'accueil des demandeurs d'asile dans la CEE. Parallèlement, les pays de la CEE ont signé le 15 juin 1990 une convention sur le droit d'asile. Une réglementation plus stricte qui interdit à un étranger de déposer des demandes de statut de réfugié dans plusieurs pays.

Les États membres s'engagent à ce que toute demande d'asile présentée par un étranger auprès de l'un d'entre eux soit examinée par un seul des États signataires, selon des critères « objectifs », en tête desquels la prise en considération des liens familiaux du demandeur d'asile dans un État où résideraient des membres de sa famille. Les autres critères délimitent la part de responsabilité de l'État de la CEE dans lequel sera arrivé, régulièrement ou non, le demandeur d'asile, et qui lui aura délivré le titre de séjour ou visa.

Afin de pouvoir statuer sur toute demande d'asile, les données qui peuvent être échangées font l'objet d'une énumération limitative : l'identité du demandeur, l'itinéraire qu'il a suivi, les titres de séjour ou visas délivrés par un État membre, l'état de la procédure d'examen de la demande d'asile.

2. L'immigration, phénomène mondial

La migration dans le monde n'est pas une nouveauté et n'a rien de spécifiquement européen. Plus de 22 millions de travailleurs migrants vivent en dehors de leur pays, et en tenant compte des membres de leurs familles, le chiffre de l'exil dépasse le cap des 40 millions [67].

C'est aux États-Unis et en Europe occidentale que les travailleurs étrangers sont les plus nombreux (6,5 millions de part et d'autre de l'Atlantique). Mais on en compte aussi 4 millions en Amérique latine, 2,8 millions au Moyen-Orient et en Afrique du Nord, et 1,8 million en Afrique de l'Ouest. En effet, les migrants représentent en moyenne près de 7 % de la population dans neuf pays de l'Afrique de l'Ouest : près d'un résident sur quatre (23 %) en Côte d'Ivoire, plus de la moitié de la main-d'œuvre gabonaise dans le secteur privé et 10 % dans la fonction publique.

Vu sous l'angle des pays de l'émigration, les chiffres sont également impressionnants : plus d'un million de Burkinabés, soit un sur cinq, vivent à l'étranger, dont les trois quarts en Côte d'Ivoire. Une étude récente estime à 35 millions, soit près de 10 % de la population du continent, le nombre de personnes de tous âges qui, en Afrique, vivent à un moment donné dans un pays différent de leur pays de naissance [71].

Si l'élément économique domine dans la construction de la carte des mouvements migratoires (attrait de certains pays détenteurs de ressources naturelles, comme le Nigéria, le Gabon, ou la Côte d'Ivoire), on ne peut pour autant négliger les autres explications : migrations de survie provoquées par la sécheresse et les conflits, traditions nomades, frontières plus ou moins artificielles héritées de l'époque coloniale, insuffisance des contrôles administratifs et policiers.

Cependant, les pays d'accueil peuvent à tout moment, pour des raisons très diverses, vouloir rejeter les migrants travaillant sur leur territoire, surtout s'ils sont illégaux.

Le 17 janvier 1983, le gouvernement nigérian mit en demeure tous les étrangers se trouvant en situation irrégulière sur son territoire de quitter le pays avant la fin du mois. La nouvelle tomba comme la foudre et le monde stupéfié ne crut pas à l'application brutale d'une telle décision... Et pourtant, des centaines de milliers d'êtres humains se mirent en route pour regagner leurs pays d'origine : Ghanéens, Togolais, Nigériens... Un cortège d'exode affligeant avec ses images d'atrocité et de violence. En moins d'un mois, 1 200 000 étrangers furent renvoyés chez eux. Des hommes, des femmes, des enfants piétinés dans la foule, matraqués par des soldats jusqu'aux camions dans lesquels ils s'entassaient pour partir sans rien pouvoir emporter.

Un an après, le gouvernement nigérian recommence l'opération et, cette fois-ci, ce sont 700 000 étrangers qui sont chassés, parce que leur présence « aggravait les problèmes socio-économiques et de sécurité de la nation ». Encore des images d'horreur et de foules qui s'amassent. La brutalité de la police nigériane était sans limites. Le départ de ces immigrés ne se faisant pas avec docilité comme l'année précédente, le gouvernement a embarqué les récalcitrants dans des camps.

Au mois de mai 1985, c'est au tour du Gabon de prendre des mesures draconiennes à l'encontre des immigrés. L'expulsion des étrangers est annoncée en grande pompe par le président Bongo lui-même. La raison invoquée : le nombre des étrangers qui est parfois supérieur à celui des nationaux dans certaines régions risque de créer, selon le chef d'État gabonais, des tensions. Autre argument : certains immigrés sont venus au Gabon « pour apporter le pillage, le crime ou la maladie ».

Dans ces pays insuffisamment développés, l'immigration et ses conséquences n'ont pu être vraiment maîtrisées et les gouvernants ont été pris de court devant les urgences.

Alors que les expulsions en masse de centaines de milliers de travailleurs étrangers du Nigéria, de Libye ou du Gabon en 1985 avaient provoqué stupeur et consternation, le renvoi de 600 000 immigrés par l'Arabie saoudite durant la même période n'a suscité que peu de commentaires. Un exemple suivi quelques mois après par les Émirats arabes du Golfe.

C'est au lendemain des années soixante-dix que les gouvernements du golfe Arabique avaient amplifié considérablement le recours à la main-d'œuvre étrangère (4 millions d'immigrés pour une population totale de 13 millions en 1983). C'était un effet direct, induit par le renchérissement du prix du pétrole. Un flux migratoire Sud-Sud inhabituel, un mouvement de populations venant des pays pauvres en capital, riches en main-d'œuvre allant vers des pays riches en capital mais pauvres en main-d'œuvre.

Plus de dix ans après, le miracle pétrolier s'est révélé n'être qu'un mirage. Avec l'arrivée de la crise économique mondiale, les émirs renoncent à certains investissements onéreux et renvoient chez eux, parfois brutalement, des centaines de milliers de travailleurs étrangers venus par vagues successives durant les années fastes.

Les études réalisées sur cette migration tournante montrent que celle-ci est minutieusement contrôlée par les pays d'accueil [65]. Le candidat à l'émigration n'est admis que s'il a obtenu un contrat de travail le liant à une société locale et son permis de séjour n'est délivré que pour une période d'un an. Le travailleur est alors pratiquement placé sous la tutelle de l'employeur et il ne peut changer de patron. La perte de l'emploi entraîne automatiquement l'annulation du permis de séjour et aucune protection du salarié n'existe pour limiter les abus.

Les dispositions légales interdisent aux étrangers dans les pays du Golfe de posséder par exemple plus de 50 % du capital d'une affaire et leur imposent de s'associer avec au moins un partenaire national, en même temps que de recourir à la médiation d'un garant appelé *kafil*, une sorte de tutelle et de caution, un médiateur entre le pouvoir et les étrangers. Du terrassier pakistanais à l'employé de maison jordanien, en passant par le marchand de tissus sikh ou le serveur philippin, chacun doit choisir son *kafil* avant son arrivée dans le pays.

Dans ces pays où il n'y a ni partis politiques ni syndicats, de nombreux témoignages font état des difficultés de vie, des tracasseries administratives et de la grande détresse dont sont victimes les migrants dans des terres où les gouvernants déclarent s'inspirer du droit musulman ! Les écoles publiques et les universités sont souvent fermées à leurs enfants.

La plus grande partie des étrangers du Golfe sont des hommes seuls. Cette forte prédominance masculine, entraînant un grave déséquilibre démographique, a été renforcée par l'afflux récent et massif des Asiatiques. Des mesures sévères sont prises pour limiter l'immigration familiale, en contradiction même avec les préceptes de l'islam qui condamne la dislocation des familles, source de souffrance et de perversion.

Souvent, ce sont les entreprises employant ces travailleurs qui les logent dans des immeubles isolés, en dehors des villes et surtout loin des quartiers destinés à l'habitat familial. Les scandaleuses conditions dans lesquelles sont « parqués » ces hommes en ghettos, par nationalité ou par profession, auraient, à juste titre, mobilisé mille comités « anti-SONACOTRA » en France !

Le gouvernement saoudien n'a pas hésité en 1982 à réexpédier rapidement chez eux, dans des avions affrétés, des Coréens et des Pakistanais qui avaient observé des arrêts de travail sur des chantiers pour protester contre leurs conditions de travail et de logement.

Les autorités de ces pays se montrent plus que réticentes à naturaliser leurs étrangers. C'est très difficile d'acquérir la nationalité du pays, même pour les ressortissants arabes, anciens immigrés, qui ont participé à son développement. Au Koweït par exemple, la loi fixe à 50 le nombre de naturalisations autorisées chaque année, et le solliciteur doit justifier de quinze ans de résidence ininterrompue. Une fois naturalisé, il lui faudra attendre dix longues années pour jouir de tous les droits de sa nouvelle citoyenneté.

Signalons aussi que ces pays accueillent des immigrants illégaux au statut très précaire, qui sont à la merci des mesures d'expulsion prises périodiquement par les autorités. La présence de ces clandestins assure évidemment une certaine souplesse à un marché du travail très rigide à cause de l'absence de main-d'œuvre locale et l'impossibilité pour le travailleur immigré « régulier » de changer de travail.

3. Les scénarios du futur

« L'immigration est une certitude dans les trente prochaines années, à peu près aussi sûre que la loi de la pesanteur. Entre une Europe en pleine décadence démographique et les pays surpeuplés du sud de la Méditerranée, le phénomène de déversoir est inévitable [70]. » Pour l'économiste Alain Minc, il est aussi vain de discuter de ce principe que de « la météo ». L'immigration sera une fatalité, un drame, une chance en fonction de la manière dont la France se comportera, c'est-à-dire de sa conception de l'accueil et de l'égalité.

A l'horizon de l'an 2000, la population française va vieillir. Au tournant du siècle, le troisième âge (les plus de 60 ans) regroupera 12 millions de personnes, les bataillons des plus de 85 ans se renforceront aussi et passeront de 700 000 en 1985 à plus d'un million, et près du double quarante ans plus tard. Ces personnes âgées de plus de 60 ans, qui représentaient en 1988 moins du cinquième de la population française, dépasseront le quart de celle-ci en 2020.

Reposant sur des statistiques de mortalité assez peu évolutives, cet avenir-là est déjà joué. Plus incertaine est la prévision qui concerne l'évolution du nombre des jeunes, car elle est liée à un taux de fécondité plus ouvert et il faudrait que celui-ci remonte sensiblement pour maintenir les moins de 20 ans à leur niveau actuel.

Ce vieillissement inéluctable aura des conséquences innombrables et en particulier économiques. Une augmentation de l'immigration sera donc bien nécessaire pour accroître la main-d'œuvre. Pour le démographe Jean-Claude Chesnais [68], les conditions économiques n'excluent pas que, dans les prochaines années, la France et d'autres pays européens connaissent d'autres vagues migratoires. Les États-Unis, par exemple, n'ont jamais décidé l'arrêt total de l'immigration. Certains économistes avancent cette probabilité et des secteurs comme le bâtiment-travaux publics auront encore besoin à l'avenir d'une main-d'œuvre étrangère.

Le démographe Alfred Sauvy nous invite à vivre avec cette donnée-là : « Nous aurons de plus en plus d'immigration et d'ailleurs, c'est une très bonne chose vu notre démographie. Non seulement la France a très peu d'enfants, mais l'Espagne et l'Italie connaissent aussi une chute de la natalité. Dans vingt ans, ces pays manqueront de jeunes. Il est probable qu'il y aura une migration importante de l'Afrique du Nord vers les pays européens dépeuplés. C'est assez logique. » Alfred Sauvy croit à ce mouvement de populations pauvres vers le Nord. « En France, constate-t-il, avec les progrès techniques dans l'agriculture, on pourra à peine cultiver la moitié de nos terres. Sachez que l'on produit maintenant 60 quintaux de blé à l'hectare. Alors, ce n'est plus utile de cultiver du blé partout. Il y a des régions, notamment dans le Midi, dans le bassin de la Garonne, où il y a de moins en moins d'enfants et de plus en plus de vieux. On sait que les populations de ces régions-là vont disparaître et il y aura donc des terres vides. Il serait égoïste que nous les gardions alors que d'autres en manquent ! C'est logique et je pense que des organismes internationaux pousseront dans ce sens. Ils nous diront : vous avez des terres libres que vous ne travaillez pas et d'autres n'en ont pas, il faut que vous les accueilliez. Il y aura une sorte de pression mondiale et il vaudrait mieux la prévoir à l'avance [66]. »

L'économiste Jacques Lesourne n'exclut pas non plus cette probabilité dans sa prospective des flux migratoires de demain, et envisage quelques scénarios d'avenir [69].

Dans une première conjecture, l'écart de revenu moyen entre la CEE, d'une part, les pays méditerranéens et l'Afrique, d'autre part, ne se réduira que lentement. Toutes les conditions seraient alors réunies pour la permanence de fortes pressions économiques poussant à des migrations de ces pays vers l'Europe.

Deuxième conjecture : le chômage restera encore élevé en Europe occidentale pendant la prochaine décennie. Ce chômage résultant très largement du coût du travail amènera les entreprises à limiter le recrutement, compte tenu des réglementations relatives aux salaires et aux charges sociales. Les gouvernements continueraient alors à adopter des politiques d'immigration restrictives. Mais avec le vieillissement de la population européenne, cette situation se modifiera progressivement. L'Europe a besoin de jeunes adultes pour qu'ils prennent en charge ses vieux.

Dans la troisième conjecture, « les pressions l'emportent sur les résistances ». Non seulement de grandes migrations économiques se produiraient, mais aussi des millions de personnes (minorités ethniques ou opposants politiques) seraient contraintes comme les *boat people* des mers de Chine de trouver refuge en Europe. D'après Jacques Lesourne, cette possibilité ne peut être exclue. Et selon lui, des orientations sont nécessaires pour des politiques de l'immigration. « Arrêtez définitivement l'immigration, lit-on quotidiennement dans les journaux. Une telle politique a toute chance d'être à long terme à la fois illusoire et néfaste. » Mais une politique raisonnable pourrait moduler l'ampleur des flux migratoires pour éviter le dérapage vers le scénario conflictuel. Une telle approche suppose des mesures, parmi lesquelles l'assistance au développement économique des pays émetteurs. « Plus la croissance économique de la Turquie, de l'Égypte et du Maghreb sera harmonieuse, moins les habitants de ces pays seront candidats à l'émigration. Il y a même de sérieuses raisons de penser que la hausse des revenus y facilitera la baisse des taux de fécondité », écrit Jacques Lesourne.

L'Europe doit accepter un flux migratoire contrôlé mais positif. « Plutôt que d'adopter successivement des politiques contradictoires d'acceptation puis de refus de l'immigration, ne vaudrait-il pas mieux s'orienter progressivement au fur et à mesure de la reprise de la croissance et du ralentissement de la hausse du chômage vers une politique de quotas correspondant à un flux migratoire positif mais modéré et donnant toutes les chances au scénario de la diversité ? »

Conclusion

L'évolution des phénomènes migratoires depuis une quinzaine d'années est marquée par un changement de nature.
Le fait migratoire est devenu un phénomène mondial au sens
où l'immigration la plus récente se caractérise par la diver-
sification et l'éloignement des pays d'origine, en liaison
étroite avec des pratiques d'exclusion politique et sociale
(dont sont de plus en plus victimes des minorités ethniques
ou des opposants) dues à des régimes totalitaires. Verra-
t-on demain, en particulier en provenance d'Afrique et
d'Asie, des vagues migratoires poussées hors de leurs régions
d'origine par la faim ou la menace d'une répression politique ? Le temps n'est plus en tout cas où l'on pouvait avoir
l'illusion d'être en mesure de maîtriser l'analyse des phénomènes migratoires au moyen d'une manipulation d'une
immigration de main-d'œuvre ou de peuplement. C'est
aujourd'hui en termes de gestion de phénomènes d'immigration de survie à l'échelle mondiale que devraient être pensées
les politiques migratoires.

L'errance des pauvres n'est pas prête à prendre fin en ce
XXᵉ siècle. Peut-on encore continuer à dissocier la réflexion
sur la politique migratoire d'une réflexion globale sur les problèmes de développement ?

L'Europe de demain se construira aussi sur ses choix
migratoires. A l'horizon 2000, certains pays connaîtront un
sérieux tassement démographique. Comment y faire face ?

La RFA adopte sur ce point une attitude significative. Alors qu'elle s'était faite championne du verrouillage des frontières, elle encourage aujourd'hui l'immigration de populations de l'Est dont l'origine allemande se perd parfois dans la nuit des temps. La France doit-elle s'aligner sur une politique migratoire dans le sens Est-Ouest de l'Europe ou doit-elle plaider en faveur d'une Europe qui n'ignorerait pas les pays du Sud et saurait leur réserver une place ?

C'est la prospérité des pays d'accueil qui attire les migrants et non l'explosion démographique dans leurs pays d'origine.

C'est le pays d'accueil qui fait venir ou qui repousse les migrants. Les vagues d'immigration en France correspondent à des périodes de croissance économique au début du XXe siècle, et notamment celle de 1919-1925, durant laquelle plus d'un million d'étrangers sont entrés en France ; mais aussi à celle des années soixante/soixante-dix.

Depuis 1974, le solde migratoire ne cesse de diminuer d'une année à l'autre. Les migrations sont régies par des lois économiques et il est impensable que des milliers de personnes quittent leur pays sans avoir l'assurance d'être accueillies là où elles vont. Cette peur du risque d'« invasion » de l'Europe par des populations venues du Maghreb ou d'ailleurs relève du pur fantasme et n'a aucun fondement rationnel.

Cela n'empêche pas que certaines études sérieuses annoncent que la France, comme les autres pays d'Europe, serait obligée aux alentours de l'an 2000 de faire appel à une main-d'œuvre étrangère. L'immigration aurait donc encore un avenir ?

Cette hypothèse ne doit rien au hasard, mais elle est fondée sur la probable nécessité pour la France d'accueillir la main-d'œuvre dont elle aura besoin dans les prochaines décennies. On observe déjà ce phénomène aux États-Unis depuis toujours et il n'est pas illogique de penser que la France, comme les autres pays d'Europe, puisse connaître le même.

Repères bibliographiques

1. Histoire de l'immigration

[1] AGERON C.R., *Histoire de l'Algérie contemporaine (1830-1970)*, PUF, « Que sais-je ? », Paris, 1970.

[2] BRAUDEL F., *L'Identité française*, 3 tomes, Flammarion, Paris, 1986.

[3] « L'immigration dans l'histoire nationale », numéro spécial *Hommes et migrations*, Paris, septembre 1988.

[4] GREEN N., *Les Travailleurs immigrés juifs à la Belle Époque*, Fayard, Paris, 1985.

[5] LEQUIN Y. (sous la direction de), *La Mosaïque France*, Larousse, Paris, 1988.

[6] NOIRIEL G., *Le Creuset français, histoire de l'immigration XIXᵉ-XXᵉ siècles*, Le Seuil, Paris, 1988.

[7] PONTY J., *Polonais méconnus, histoire des travailleurs immigrés en France dans l'entre-deux-guerres*, Publications de la Sorbonne, Paris, 1988.

[8] ROVAN J., « Des Français contre les immigrés », *L'Histoire*, n° 57, juin 1983.

[9] SCHOR R., *L'Opinion française et les étrangers 1919-1939*, Publications de la Sorbonne, Paris, 1985.

2. Populations et données statistiques

[10] *Les Étrangers, recensement général de la population de 1982*, La Documentation française, Paris, 1984.

[11] George P., *L'Immigration en France*, A. Colin, Paris, 1986.

[12] Granotier B., *Les Travailleurs immigrés en France*, Maspero, Paris, 1970.

[13] Lebon A., *1986-1987, le point sur l'immigration et la présence étrangère en France*, La Documentation nationale, Paris, 1989.

[14] *Immigrés et étrangers en France, tendances 1988/mi-1989*, La Documentation française, Paris, 1989.

[15] Mauco G., *Les Étrangers en France*, A. Colin, Paris, 1932.

[16] *Projection de la population étrangère*, INSEE, collection « Premiers Résultats », n° 65, juin 1986.

[17] Tapinos G., *L'Immigration étrangère en France 1946-1973*, PUF, Paris, 1975.

[18] Tribala M., « La population étrangère en France », *Regards sur l'actualité*, n° 118, La Documentation française, Paris, mars 1986.

[19] « Contribution des étrangers à la natalité et la fécondité en France », *Population et Avenir*, mai-juillet 1981.

[20] *Population et Sociétés*, INED, n° 241, décembre 1989. — « La chronique de l'immigration », INED, Paris (paraissant chaque année dans le n° 1 de *Population*).

[21] *Statistiques annuelles de l'Office des migrations internationales (Actualités-Migrations)*.

3. Droit et législation

[22] *Guide des droits des étrangers*, éd. Syros, « Alternatives », Paris, 1989.

[23] Guimezanes N., *Le Droit des étrangers*, A. Colin, Paris, 1987.

[24] Laacher S., *Questions de nationalité*, ouvrage collectif, CIEMI, L'Harmattan, Paris, 1987.

[25] Lochak D., *Étrangers : de quels droits*, PUF, Paris, 1985.

[26] N'Guyen Van Yen C., *Droit de l'immigration*, PUF, Paris, 1986.

[27] Richer L., *Le Droit de l'immigration*, PUF, « Que sais-je ? », n° 2303, Paris, 1986.

[28] Tiberghien F., *La Protection des réfugiés en France*, Économica, Paris, 1984.

On pourra également consulter utilement les guides spécialisés du GISTI (Groupe d'information et de soutien des travailleurs immigrés, 46, rue de Montreuil, 75011 Paris):
- *Le Guide de la protection sociale des étrangers en France*, La Découverte, Paris, 1988.
- *Le Guide des jeunes étrangers en France*, La Découverte, Paris, 1988.
- *Le Guide des étrangers face à l'administration*, La Découverte, Paris, 1988.

4. Économie de l'immigration

[29] AUVOLAT M. et BENATTIG R., in *Revue européenne des migrations internationales*, volume 4, n° 3, 1988.

[30] BARTHE M.A., *L'Économie cachée*, Syros, Paris, 1988. — *Chômeurs et économie officielle*, éd. du Plan, « Construction et habitat », 4e trimestre 1985.

[31] BELKACEM H., *L'Immigration algérienne en France, origine et perspectives de non-retour*, L'Harmattan, Paris, 1985.

[32] *La Création d'entreprises par les immigrés, quelques données chiffrées*, IFRED, novembre 1988.

[33] *Économie politique des migrations clandestines de main-d'œuvre*, Publisud, Paris, 1986.

[34] MERCKLING O., *Nouvelles Politiques d'emploi et substitution de la main-d'œuvre immigrée dans les entreprises françaises*, recherche réalisée en 1986 pour le compte du ministère des Affaires sociales et de l'Emploi.

[35] WITHOL DE WENDEN C., « Les immigrés, relais économique de la Méditerranée », *Les Cahiers de l'Orient*, n° 2, 2e trimestre 1987.

[36] SIMON G., « Les transferts des revenus des travailleurs maghrébins vers leur pays d'origine », *Études méditerranéennes*, n° 6, 1984.

5. Sociologie et modes de vie

[37] ANGLADE J., *La Vie quotidienne des immigrés en France de 1919 à nos jours*, Hachette, Paris, 1976.

[38] BAROU J., « Le logement des immigrés », *Hommes et Migrations*, n° 118, janvier 1989.

[39] BENOÎT J., *Dossier E... comme esclaves*, Alain Moreau, Paris, 1986.

[40] GUIDICE P., *Têtes de Turcs en France*, La Découverte, Paris, 1989.

[41] GUILLON M., TABOADA LÉONETTI I., *Le Triangle de Choisy, un quartier chinois à Paris*, L'Harmattan, Paris, 1986.

[42] KHOA L., *Les Vietnamiens en France*, L'Harmattan, Paris, 1985.

[43] LE BRAS H. et TODD E., *L'Invention de la France*, Le Seuil, 1981.

[44] « Logement : pourquoi des ghettos ? », *Plein Droit*, n° 2, février 1988.

[45] RUDE-ANTOINE E., *Le Mariage maghrébin en France*, Karthala, Paris, 1990.

[46] TAGUIEFF P.A., *La Force du préjugé*, La Découverte, Paris, 1989.

[47] WITHOL DE WENDEN C., *Les Immigrés et la politique, cent cinquante ans d'évolution*, Presse de la Fondation nationale des sciences politiques, Paris, 1987.

6. Nouvelles générations

[48] ABOU-SAADA G. et MILET H., *Générations issues de l'immigration*, Arcantère, Paris, 1986.

[49] BERQUE J., *L'Immigration à l'école de la République*, rapport au ministère de l'Éducation nationale, La Documentation française, Paris, 1985.

[50] LEBON A. et MARANGE J., *L'Insertion des jeunes d'origine étrangère dans la société française*, La Documentation française, Paris, 1982.

[51] BOULOT S. et BOYZOU-FRADET D., *Les Immigrés et l'école*, L'Harmattan, Paris, 1988.

[52] JAZOULI A., *L'Action collective des jeunes Maghrébins de France*, CIEMI, L'Harmattan, Paris, 1986.

[53] *L'Intégration au féminin, presse et immigrés en France*, CIEMI, Paris, septembre et octobre 1988.

[54] MINCES J., *La Génération suivante*, Flammarion, Paris, 1986.

7. Sur les débats actuels

[55] BEN JELLOUN T., *Hospitalité française*, Le Seuil, Paris, 1984.

[56] CORDEIRO A., *L'Immigration*, La Découverte, Paris, 1985.

[57] FUCHS G., *Ils resteront : le défi de l'immigration*, Syros, Paris, 1987.

[58] GASPARD F. et SERVAN-SCHREIBER C., *La Fin des immigrés*, Le Seuil, Paris, 1984.

[59] GRIOTTERAY A., *Les Immigrés : le choc*, Plon, Paris, 1984.

[60] HANNOUN M., *L'Autre Cohabitation, Français-immigrés*, L'Harmattan, Paris, 1986.

[61] LE GALLOU J.Y., *La Préférence nationale*, Albin Michel, Paris, 1985.

[62] LEMOIGNE G., *L'Immigration en France*, PUF, « Que sais-je ? », n° 2341, Paris, 1986.

[63] MESTIRI E., *A propos de l'autre : l'immigré comme métaphore*, Bayardère, Paris, 1987.

[64] ORIOL P., *Les Immigrés, métèques ou citoyens*, Syros, Paris, 1985.

8. Migrations internationales

[65] « Effets sociaux des migrations interarabes », *Machrek-Maghreb*, Paris, avril-mai-juin 1986. — *Migrations et changements sociaux dans l'Orient arabe*, CERMOC, Sindbad, Paris, 1986.

[66] « Immigrés, bonjour l'avenir », *Croissance des jeunes nations*, février 1986.

[67] JACQUES A., *Les Déracinés, réfugiés et migrants dans le monde*, La Découverte, Paris, 1985.

[68] *Le Poids de la démographie*, rapport Ramsès 1987-1988, IFRI, Économica, Paris, 1989.

[69] LESOURNE J., « Scénarios du futur », *Le Débat*, Gallimard, Paris, novembre 1985.

[70] MINC A., *La Machine égalitaire*, Grasset, Paris, 1987.

[71] RICCA S., *L'Organisation des mouvements migratoires en Afrique*, BIT, Genève, 1987.

9. Thèses

[72] SUR D., *Les étrangers en France de 1848 à la Seconde Guerre mondiale*, Faculté de droit, Dijon, 1986.
[73] WEIL P., *L'analyse d'une politique publique: la politique française de l'immigration, 1974-1988*, Université de Paris I, 1988.

10. Rapports officiels

Être français aujourd'hui et demain, rapport de la Commission de la nationalité, présenté par M. Marceau LONG, tome I, *Les auditions publiques*; tome II, *Conclusions et propositions de la Commission de la nationalité*, La Documentation française, Paris, 1988 / 10/18, Paris, 1988.

HANNOUN M., *L'homme est l'espérance de l'homme*, rapport sur le racisme et les discriminations en France, au secrétaire d'État auprès du Premier ministre chargé des Droits de l'homme, La Documentation française, Paris, 1987.

HESSEL S., *Immigrations: le devoir d'insertion*, rapport du commissariat général du Plan, La Documentation française, Paris, 1988.

MARCHAND Ph., *L'intégration des immigrés,* rapport d'information, Assemblée Nationale, Paris, 1990.

11. Revues

Esprit, « Français et immigrés », n° spécial, juin 1985.
L'Homme et la Société, « Racisme, antiracisme; étranges, étrangers », n° spécial, 1985.
Projet, « Ces étrangers qui font aussi la France », n° spécial, 1983.
Vingtième siècle, « Étrangers, immigrés, Français », n° spécial, 1985.
Peuples méditerranéens, « Migrations et Méditerranée », n° spécial, septembre 1985.
Les Temps modernes, « L'immigration maghrébine en France », n° spécial, mai 1984.
Pouvoirs, « L'immigration », n° spécial n° 47, 1988.

Table

LA COLLECTION "REPÈRES"

LA COLLECTION "REPÈRES"
(suite)

LA COLLECTION "REPÈRES"
(suite)

Composition Facompo, Lisieux (Calvados)
Achevé d'imprimer en septembre 1990
sur les presses de l'imprimerie Carlo Descamps,
Condé-sur-l'Escaut (Nord)
Dépôt légal: septembre 1990
Numéro d'imprimeur: 6596
Deuxième tirage: 8 000 exemplaires
ISBN 2-7071-1421-9